JN015907

読むだけで うんと 子育てが 楽しくなる本

原坂一郎
Ichiro Harasaka
野崎武久 絵

春陽堂書店

目次

はじめに

この本を手に取っていただきありがとうございます。

とても嬉しいです。

どうして嬉しいかと言うと、この本を手に取ってくださったお母さんは、子どものことが大好きなお母さんだからです。


私のもとには、子育てに悩むお母さんが毎日のように相談にやってきます。

「子育てに悩むお母さん」が、私は大好きです。

子育てに悩むのは、わが子のことが大好きだからです。

子どものことが大好きなお母さんが、私は好きなのです。


子育てに悩むお母さんには、もうひとつ共通点があります。

それは、向上心が強いということ。

可愛いわが子のために私はどうすれば…、こんなときはどうすれば…悩みというのは向上心のある人にだけやってくるものです。

そんなお母さん方に読んでいただきたく、この本を書きました。

お子さんへのその愛情が、お子さんに届いてほしいからです。

その向上心が、もっと報われてほしいからです。


子育てのいろんな「困った」が解決し、子育てがうんと楽しくなる、ちょっとしたアドバイスを、5つの章に分けて書かれています。

全部で30の項目がありますが、それぞれの最初に漫画がついています。

私の友人の野崎武久さんに描いてもらったとても楽しい漫画です。

25年間の保育士生活の中で、子どもたちから聴こえた子どもの気持ち、お母さんへのメッセージを書かせていただきました。


先日、「あなたの精神年齢がわかる」というアプリがあり、さっそくやってみました。

私の精神年齢は…5歳でした。

家族からも友人からも「やっぱり」と言われました。

でも、だからこの本が書けたのだと思っています。

永遠の5歳児が書いた本をどうぞゆっくり読んでくださいね。

応援
してますよー

Chapter 1 子どもにうんと笑顔が増える！章

さてクイズです。日常の中でよく見られる次の光景の共通点は何でしょう。

正解は、「お金も何もかからないのに子どもは一生覚えてくれている関わり」でした。

詳しくは本文で

01 〝何気ない関わり〟が一生の思い出に

みなさんは、お休みの日はご家族でどこかへ出かけられているでしょうか。遠いところにはどこにも行っていないので、子どもに楽しい思い出をつくってやれず、かわいそうなことをしている、とおっしゃるご家族もきっとおありのことと思います。

でも、その心配はまったくありません。「楽しい思い出」というのは、どこかに出かけなくても、もうすでに子どもの心の中に、すでにたくさんつくられているからです。

ある講演会で、参加者の方に、ご自身の子ども時代に親がつくってくれた思い出の中で、今でも心に残っていることを紙に書いてもらいました。遊びでも旅行でも何でもOK、とにかく親がつくってくれた思い出の中で、今も覚えているものは何かを尋ねたのです。

さて、書かれたものを見てみると、「保育所の帰り、母と仲良く、いつも手をつないで家に帰ったこと」「おやじの配達の車に乗っけてもらい、ジュースやお菓子をもらったのが楽しかった」「母がいつも枕元で本を読んでくれたことが忘れられない」「遊園地などで、よく父が肩ぐるまをしてくれたこと」……。

おそらく、何度かは行っているはずの家族旅行や、楽しい経験ができたはずのレジャーや映画などの思い出を書いた人はほとんどなく、会場のほぼ全員が、親との何気ない日常のひとコマを「忘れられない思い出」として書いていたのです。

これでわかったのは、子どもの心に残る楽しい思い出、うれしい思い出というのは、親がお金や時間をかけてつくろうとしたものの中には案外なく、当の親は覚えていないような、日常の中の何気ない、ごく瞬間的な関わりの中にこそ、たくさんあるということです。

それらの関わりにはふたつの共通点があります。

まずひとつは、お金や時間は必要でない代わりに、子どもへの愛情がないとできないものばかりだということ。

「手をつないで帰る」「枕元で本を読む」「肩ぐるまをする」……、何でもないことですが、いずれも子どもへの愛情があるからこそできることです。親としてもっている子どもへの愛情は、そういうことをすることで、子どもにちゃんと伝わっています。伝わるどころか、一生忘れないような思い出にもなるのです。

そしてもうひとつの共通点は、そのときの子どもの心の中はうれしさで笑顔いっぱいだということ。大切なのは、とにかく子どもと関わること。子育てで後悔すべき親がいるとすれば、それは、子どもをどこにも連れて行けなかった親ではなく、子どもとが笑顔になるような、そんな小さな関わりさえおっくうがり「親から受けた愛情の思い出」といったものを、子どもの心の中に残せなかった親のような気がします。

「楽しい思い出つくり」にお金は不要

子どもが小さなころからバリバリ働き、子どもをまったくかまってやれなかったと言うお母さん。お金がなくって子どもがほしがるものを何も買ってやれなかったとおっしゃるお母さん。そんなお母さん方は、よく「子どもには何もしてやれなかった」と言って嘆いていています。しかし、当の子どもは、それらを不満に思っていないどころか、成人後も、自分の子ども時代を振り返って、親の関わり方に十分満足していることも多いものです。

彼らに共通するのは、笑顔になれるようなちょっとした「うれしい関わり」は、子ども時代、母親から何度でも受けている、ということです。

子どもとゆっくり接することができるのは、1日24時間の中でわずか数時間、というお母さんでも、その数時間の中で、子どもを笑顔にする関わりが30回もあったならば、その子どもは成人後に振り返って、親から何もしてもらっていないどころか「愛情をたっぷり受けた」と思うものです。毎日20時間以上ふれ合えなかったことが何のネックにもなっていないのです。「ほしいものも買ってもらえなかった」子ども時代であっても、「だけど、お母さんからのうれしい言葉や、関わりなら毎日何十回も受け取った」という人は、「おもちゃは毎日のように買ってもらったが、うれしい関わりをしてもらったことはほとんどない」という人よりもすばらしい子ども時代を過ごしたと言えると思うのです。

そんな関わりはできなかったと言う人は、それを時間やお金のなさを言いわけにできません。だってそれには時間とお金はまったく必要ないのですから。

笑顔にさえなったなら、それがほんの数秒のものでもいいのです。それが、毎日の生活の中でたくさんあったなら、本人はもうそれだけで「親からの愛情をたっぷり受けて育った」と思ってくれるのです。もしも今、「子どもには何もしてやれていない」と思っているお母さんがいたとしても、たいていの場合、ご自身も気づかないようなところで、そんな関わりはたくさんしているものです。どうか自信をもってほしいと思います。

パパどこぉ？
え、いないの？
あらぁ、いないわ
！
ここにもいな～い
そんなところにいるわけないよ
あはは
こんなことも子どもにとっては、立派なユーモアです。
子どもは、ユーモアのあるパパやママが大好きです。

詳しくは本文で

02 子どもの笑顔は親次第

あるファミリーレストランで食事をしていたときのことです。

5歳くらいの男の子を連れた三人家族がやってきました。男の子は当然のようにお子さまランチを注文しました。

しばらくすると、カゴいっぱいのおもちゃがきました。「この中から好きなものを選んでくださいね」。お店の人はカゴごと置いていきました。

「よかったね。はい、選びなさい」。お母さんがそう声をかけると、子どもはうれしそうにおもちゃを選び始めました。親子連れでのレストランなどでよく見られる、ほほえましい光景です。

でもその子どもは、あれでもない、これでもないと、なかなか決めかねるようでした。

こんなとき、子どもはおもちゃ屋さんで品定めをしているような気になり、それがとても楽しい時間になっているようです。大人のウインドウショッピングのようなものでしょう。

しばらくすると、母親が「もうっ！　いつまで選んでるの！　早く決めなさい！」と怒ったように言いました。その言葉で子どもは慌てて決めました。まるで、もうどれでもいいやとばかりに。

そのあと10分もたたないうちに、もう一組の親子連れがお店に入ってきました。今度は6歳くらいの女の子です。その女の子も、お子さまランチを注文したようで、そのテーブルにもおもちゃのカゴがやってきました。女の子はやはり品定めに夢中です。でも、さっきの親子とは少し様子が違っていました。お父さんが一緒になって選んでいるのです。

「これはこうやって遊ぶんだよ」「おもしろくなーい」「じゃ、これはどうかな？　ほら、くるくる回って、おもしろそうだよ」「いらなーい」……、なんだか楽しそうなやり取りが続いています。

「これは、なあに？」「それは男の子のだよ。そうだ、それで遊んで男の子になれば？」

「いやだあ」「ハハハ」。……。

ただおもちゃを選ぶだけのほんの1、2分の間に、その親子の間にはたくさんの笑い声が起こっていました。

私は、親子の間で笑顔や笑い声があるか否かは、子ども次第ではなく親次第だと思っています。日々の子育てのどんな場面でも、親の関わり方次第で、そこに笑顔の花を咲かせることができるのです。

さきほどの最初の親子も、もしも男の子の品定めに親が楽しく付き合っていたなら、女の子の家族以上の笑いが親子の間に起こったかもしれません。

たとえそれが数秒であっても、親に楽しく関わってもらうと、子どもは必ず笑顔になります。子どもが笑うと、親も思わず笑顔になってしまいます。結局は、自分（親）の笑顔が増えるのです。

笑顔のチャンスはどこにでも

子どもを笑顔にするチャンスは、どこにでも転がっています。

着替えのとき、食事、お散歩、お風呂タイム……、朝目覚めてから、夜、寝床につくまで、子どもが目の前にいる限り、1日の中のどの1分間を切り取っても、そこを子どもの笑顔がいっぱいの時間にすることができるのです。

どんなときでもキーパーソンは親。子どもではありません。

たとえば、子どもと手をつないでのお散歩中に子どもの笑顔を見たくなったら、突然でもいいので、「走れ！」と言いながら手をつないだまま数メートル走ったり、歩きながら、つないだその手を大きく振ったりしてみてください。子どもは100％笑います。うれしくなるのです。楽しくなるのです。

「ママ～」と子どもに呼ばれたときに、もしも子どもの笑顔を見たくなったなら、ちょっとふざけた言い方で「なんですか～」と言いながら子どもに近づき、その顔を、子どもの顔のすぐそばまで近づけてみてください。子どもは必ず笑顔になります。

「パパはどこ？」と聞かれたときなどにも笑顔を見たくなったなら、「パパはどこかな～？　ここかな～？」と言いながらゴミ箱の中や、タンスの引き出しの中をのぞいたりしてみてください。「そんなところにいないよ～」と笑いながら言ってくれます。

子どもは、親次第でいつでも笑顔になってくれます。ほ～んの少し楽しい関わり方を

すればいいのです。相手が気の合う友人だったならばいつでもしているような、何気ない方法でいいのです。

今、もし目の前にお子さんがいたなら、ためしに「お鼻ブー！」と言いながら鼻を押さえてみてください。ね、笑顔になったでしょう？

子どもはこういったスキンシップ的な遊びや関わりは、自分のことを大好きな人しかしてくれないことを知っています。
こんな関わりをするたびに、親の愛情が子どもに届くのです。

詳しくは本文で

03 子どもが瞬時に笑顔になる方法

先日、ある地方へ親子講座に行ってきました。1歳から5歳くらいまでの小さな子どもと、そのお父さんお母さん30組ほどが楽しく参加されました。親子が仲良く一緒にいるというだけで、そこに何かほのぼのとした空気が流れ、とてもうれしい気持ちになります。

その講座の中で、突然私は、「では、お子さんを今から10秒以内で笑わせてくださーい。笑顔になるなら何をしてもいいですよ」と言ってみました。

すると、あるお母さんは「こちょこちょこちょ」と言いながら、子どもをくすぐりだしました。あるお父さんは「ベロベロバー」と言って、ヘンな顔をつくっています。

もちろんそれで笑う子どももいますが、突然くすぐられてかえって不機嫌になったり、お父さんの「ヘンな顔」を見ても、表情ひとつ変えない子どももいます。子どもを笑わせるというのは案外難しいのです。

子どもを必ず、しかも瞬時に笑顔にする方法が、ひとつあります。ひょいと抱っこしてやるのです。それだけでいいのです。子どもは好きな人に抱っこしてもらうと、必ず笑顔になるのです。

それを心得ているお父さんやお母さんが、参加者の中に結構多くいたのはうれしいことでした。子どもの脇を抱えて「たかいたかーい」をしたり、お姫さま抱っこをして揺らしたり、肩ぐるまをするお父さんもいたのです。その子どもたちはもちろん満面の笑顔です。

子どもは、そういうスキンシップ的な遊びが大好きです。うれしくて楽しくて仕方がないのです。と同時に、実はそういうスキンシップ的な遊びは、その子どものことを心から好きな人しかしない、できない遊びです。「ちょっと好き」なくらいでは、思いもつかない関わり方なのです。

世間にまれにいる「わが子に愛情を注がない親（注げない親）」は、見事なほど、子どもにスキンシップ遊びをしていません。抱っこどころか、手をつなぐことさえしないし、できない（むしろしたくない）ことが多いようです。

子どもも、そのことをよくわかっています。手をつないでくれる、抱っこしてくれる、たかいたかいをしてくれるのは、自分が愛されていることの証し……だからうれしいのです。だから笑顔になるのです。

もしも子どもと何をして遊んだらいいかわからないときは、とりあえずスキンシップ遊びをしてみてください。「抱っこやおんぶは、もう重いから無理」というならば、突然くすぐってもいいし、通りすがりにハイタッチするだけでもいいのです。たったそれだけでも、かわいい笑顔が見られますよ。

子どもが笑う〝ちょいネタ〟

子育てにユーモアは大切ですが、子どもをユーモアで笑顔にするのは案外難しいものです。幼稚園で落語を披露した人もこぼしていました。「『パンツやぶれた〜』『またか！』で大人はドッと沸くが、子どもは『パンツ』と言った時点で『パンツだって〜』と大騒ぎになり、『またか！』でシーンとなる」と。

ユーモアや笑いを感じるものというのは、大人と子どもとでは大きく違っているようです。だから、逆に子ども相手にやると大笑いが起こるが、大人相手にやっても全然ウケない、というものもあります。

ではここで、「大人は誰も笑わないが、小さな子どもならほぼ全員が手をたたいて笑う」という、私が保育所で毎日のようにやった、子ども向けお笑いネタをふたつ紹介しましょう。

①頭の上にたたんだタオルをのせ、「落ちませんように……」と言ってから、「こんにちは」と言って頭を下げ、タオルを落とし、「あっ！　落ちたあ！」と言う。

②タオルをくくって丸めてボール状にし、「キャッチするよ！　見ててね」と言って放り投げ、キャッチすると見せかけて頭に当て、「アイタッ！」と言う。

いずれも、1歳から5歳くらいの子どもなら、まず笑ってくれます。子どもの世界のお笑い、ユーモアは、大人の世界のそれとは全然違うようです。

0歳から2歳の子どもには「いないいないバア」も、十分にお笑いです。また、そんなことをする人を「ユーモアのある人」と思っています。子どもは、そんな〝ユーモアのあること〟を、自分の大好きな人がやってくれることを望んでいます。自分の大好きな人、つまり親です。親がやってくれると、おもしろさの上にうれしさが加わり、他の人がやったなら笑わないようなものにまで笑うようになります。

ぜひ今日、子どもの前で何かひとつしてみてくださいね。できるはずです。だって大人はみんな宴会のときは、誰もが持っているユーモア精神を互いに発揮し、それでお互いみんな笑顔になっていますから。

《えらいね》《上手だね》などの言葉は一切言わなくても、子どものその行動をそのまま言うだけで、子どもは褒められた気持ちになります。

詳しくは本文で

04 子どもが喜ぶほめ方

保育所で働いていて気づいたことですが、先生方は土曜・日曜に美容院へ行って、月曜日に新しい髪形で出勤してくることが多かったように思います。実は私は、今も昔も女性のヘアスタイルの変化などにはとても敏感です。ある朝、出勤されてきた先生に通りすがりにあいさつをしたあと、髪の感じが変わったことに気づいたので、「先生、ヘアスタイルが変わりましたね」と何気なく言ってみました。するとその先生は、みるみる笑顔になり「うわあ、気づいてくれたのね！」と言って、とても喜んでくれました。

でも私は、「きれいになりましたね」とか「すてきですね」とは、言っていません。ただ、ヘアスタイルが変わりましたね、と確認をしただけです。それなのに、その先生は「主人も気づいてくれなかったのに」などと言って、ずっと喜んでいたのです。

そこで、私は思いました。「ああ、ほめるってこういうことなんだな」と。

でも、それは子どもも同じでした。子どもは、普段たとえば名前を呼んで元気な返事が返ってきたときに「いい返事だね」と言うだけで喜び、それどころかすぐそばの子どもも大きな声で返事をしだします。「大きな声で返事して偉いね」なんて、ひとことも言っていません。「いい返事だね」と、ただ事実を言っただけです。

「ごちそうさま」と言ってきれいに食べた子どもには、「ちゃんとごあいさつが言えたね」「全部食べたね」と、これまたその事実を言っただけで子どもは笑顔になり、次のときもまた同じことをしようとします。そのときも「えらいね」「すごいね」などとはひとことも言っていません。ただ子どもが行なったことを言葉にしただけです。さっきの先生のときと同じです。

結局、人は自分のしたことが認めてもらえるとうれしいのです。別に人にほめられたくてやったのではなかったのに、それを認めてもらえたとなると、よけいにうれしくなるようです。

それに気づいて以来、私は、子どもをほめるのがとても簡単なことのように思えてきました。子どもが行なったことをそのまま言うだけでいいのですから。

「待っててくれたね」「最後まで読めたね」「靴をきちんとはけたね」「ひとりで着られたね」……。そうやって子どもが行なったことを言葉で言うだけで、子どもはみんな笑顔になります。そういう目で子どもを見ると、どの子どもも毎日無数の「ほめられるべきこと」をやっていることにも気づき、私は「ほめ上手な先生」とまで言われるようになったのです。

私にほめ方のポイントに気づかせてくれたあの先生には、今でも感謝しています。

「偉い」「上手」は単なる「感想」？

「ほめことば」と言われて思いつく言葉はなんですか？

講演会の会場でそう尋ねると、たいてい「えらい！」「すごい！」「じょうず！」「きれい！」「かわいい！」……といった言葉が続きます。

でもそれらは、一見「ほめことば」のように見えますが、実は単なる「感想の言葉」でしかない、ということをご存じでしょうか。「感想」だから、テレビに向かっても言います。「すご〜い」「じょうず〜」「うわあきれい」と。そう言っても画面の人には伝わらないのに言ってしまいます。そう、ほめたいから言ったのではなく、ただ感じたことを言っただけだからです。単なる感想なので、相手が人でなく、景色やお店の商品に向かっても言います。「うわあ、かわいい！」……。

世間で「ほめことば」として知られるそれらの言葉は、決して「相手をほめてあげよう」といった気持ちで出る言葉ではなく、単に感じたことを口にしただけであることが多いので、人から「えら～い」「すご～い」と言われても、言われたほうにはそれほど響かないことがあります。

でも、「よくご存じでしたね」「その服、よくお似合いですね！」……と言われるととてもうれしく、まさにほめられたような気持ちになります。「えらいですね」「きれいですね」なんてひとことも言われていないのに……。

「えらい」「すごい」「きれい」「かわいい」はすべて形容詞です。子どもにだけは、形容詞ではない、子どものその行動や様子をそのまま言葉にした「認めことば」をかけてあげてほしいと思います。

ところで、「ほめすぎに注意」とよく言われます。しかし、ほめすぎに注意しなければならないほど、私たち日本人は、人をほめてはいません。特に相手が子ども（特にわが子）の場合は……。ほめすぎに注意するどころか、「ほめなくっちゃ」と意識するくらいでちょうど良いように思います。だって人は、大人も子どももみ～んな「ほめられたら伸びるタイプ」ですから。

普段、子どもは感じたことや思ったことを言っただけで叱られることが多く、なかなか受け止めてもらえません。

詳しくは本文で

05 子どもの言葉を認めよう

「子どものことを認めましょう」。きっとこれまで何度も聞かれたことがあると思います。

「子どものことを認める？　はいはい、言われなくても、ちゃんと認めていますよ」
「私はすぐに否定なんかしません」

そうおっしゃる人は多いものです。

でも私は、子どもは日常の中で、その行動も、言葉も、言葉の内容も、認められるどころか、すぐに否定ばかりされているような気がします。

特に言葉です。子どもの言葉というのは、心に思ったことを言っただけのことが多いものです。いつもただ感じたことをそのまま正直に言っているのです。ところが、子どもは何かを言ったとたん、認められるどころか否定され、すぐに文句を言われることが案外多いのです。

たとえば、子どもが熱いお茶を飲んで、「あつっ!」と言っただけで、「フーフーしないからでしょ!」と言ったり、冬の散歩中、子どもが「さむ〜い!」と言っただけで、「どうして上着を着てこなかったの!」と叱ったりしたことがありませんか。子どもは別にそれでどうこうしてほしいなんて、ひとことも言っていません。ただ熱かったから「あつい」と言い、寒いから「さむい」と言ったのです。

転んだときも、痛いから「いたーい!」と言ったのに、「痛くない、痛くない!」と言われ、歩き疲れたから「つかれた〜」と言っただけで「もう!」と叱られ……。子どもはいつも、単に感じたことや今の気持ちや思いを言っただけで、認めてもらえるどころか叱られることのほうが多いようです。

「そんなとき、いちいちやさしい言葉なんてかけてられない」と言う人もいます。でも、考えてみてください。たとえば近所の奥さんが「寒いですね」と言ったとき、決して「どうして上着を着てこなかったのですか!」なんて言いませんよね。実際は寒くなくても「ホントですねえ」と同調し、笑みを返しているはずです。

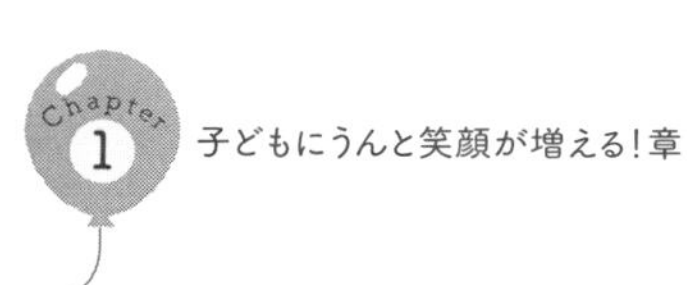

喫茶店でお茶を飲んだ友人が「熱ッ！」と言うと、「いきなり飲むからでしょ！」などと言わず、「やけどしなかった？」と尋ねたりします。

一緒に散歩中の仲間が転んで「痛〜い！」と言うと、「痛くない、痛くない！」とは言いません。「大丈夫？」と聞きます。そういうとき、どう言えばいいかは、みんなちゃんとわかっているのです。その言葉も、いちいち考えて言うのではなく、もう自然に出ているはずです。

子どもにはいつもやさしい言葉を、と言っているのではありません。相手が大人のときなら言っているようなごく普通の言葉を返すだけでいいのです。「ほんとう」のひとことでいいのです。「大丈夫？」でいいのです。

それでこそ、子どもは我慢することを覚えます。うれしくなって、子どもの顔にも心にもニコニコ笑顔が出てきます。相手が子どもでも友人でも、「いい関係」は、お互い相手の行動も言葉も丸ごと認め合う中から育っていくのです。

言葉のオウム返しでOK

子どもの言葉を丸ごと認めるコツは、子どもが何を言っても、返すひとこと目を文句や苦情の言葉にしない、ということです。

たとえば子どもが急に「おなかがいたい」と言ってきたとき、「さっきあんなに冷たいものを食べたからでしょ」なんて言ってはいけません。外出中、突然「おしっこ」と言ってきたときも、「どうしてさっきしなかったの！」とか、「こんなところにトイレなんかないでしょ！」などの言葉が最初に出てきてはダメです。

そう言うと「子どもの言葉の認め方が難しい」とおっしゃる方もいるのですが、実はとても簡単。言葉の「オウム返し」でいいのです。子どもが言ったその言葉を、そのまま返すのです。

「おなかがいたい」と言ったなら、「さっきあんなに……」ではなく、「えっ、いたいの?」、「おしっこ」と言えば、「どうして……」ではなく、「あら、おしっこ?」。食事のときに「これ、きら〜い」と言ったなら、「好き嫌いばっかり……」ではなく、「嫌いなの?」。

子どもは、自分の言葉が認められると、自分自身が認められたと思います。うれしくなります。そして、そのあとに「一番言いたかったこと」を言うのです。それが文句でもかまいません。つまり、さっきの例なら子どもが「おなかが痛い」と言ったなら、「あら、痛いの? 冷たいものばかり食べたらダメよ」。子どもが「これ嫌〜い」と言ったなら、「そう、嫌いなの。でもがんばって食べなさい」という感じです。認められた安心感で、いきなり文句を言ったときに比べ、素直に「うん」と言ってくれる確率が10倍は高くなります。子どもの困った顔ではなく笑顔が見られる確率も10倍アップしますよ。

子どものお世話はもちろん、子どもと関わることはすべて立派な子育て。近頃のパパは……頑張っています。

詳しくは本文で

06 父親が関わる家庭は笑顔が多い

よく「近ごろのパパ」が話題になりますが、その際「父親としての威厳がない」「やさしすぎる」などと言われ、あまり好意的にはとらえられていないことがわかります。

でも私は、いわゆる「平成パパ」と呼ばれる最近の父親は、昔の「昭和パパ」に比べて、子どもとの関係づくりがうまいというか、子育てにも協力的な「素敵なパパ」が、とても多いように感じています。そう言うと必ず「そんなことないよ～」と、世のお母さん方から反論を受けるのですが、私から見たら平成パパはずいぶん頑張っているように思えてなりません。

父親の育児というと、すぐに「お父さん、子どものおしめを換えていますか？」「お風呂に入れていますか？」などと尋ねられることが多いのですが、そういう子どものお世話的な部分は、子育てのほんの一部にすぎません。実際は、子どもと遊ぶ、子どもと話をする、園の行事に参加するなど、子どもと関わることすべてが「子育て」なのです。

子どものお世話は苦手でも、そういうことなら大丈夫、というお父さんは案外多いものです。休みの日に近くの公園に娘を連れて行ったところ、その公園にいた親子は、私を含めて父親と一緒の親子が4組、母親と一緒の親子が2組なんてこともありました。昭和時代なら考えられないことです。

仮に子どもの生活面のお世話はあまりしてくれないお父さんだったとしても、子どもと遊んだり、行事に一緒に参加してくれたりするだけで、お母さんは夫婦で子育てをしていることを実感できるはずです。

「近ごろの父親はやさしすぎる」と言われることについても、やさしいお父さんには子どももなつき、必ずと言っていいほどパパっ子になります。パパっ子の家庭はいろんな面でママも助かります。お父さんが子育てに関わっている家庭はパパ本人にはもちろん、ママにも子どもにも、そうではない家庭に比べて笑顔がうんと多くなるのです。

お父さんと子どもが手をつないで笑いながら楽しそうに歩いている姿を、最近とてもよく見かけるようになりましたが。とてもいいことだと思っています。

虐待する父親はニュースになりますが、やさしいお父さんはニュースにはなりません。でも、そんなお父さんは目に見えて増えています。今の父親をすぐに批判する人たちは、わが子に十分かかわらなかったり、やさしくできなかった「ガンコ親父」世代の、ある種の自己反省のようにも聞こえます。

「近ごろのパパ」は、もっと評価されていい。改めてそう思います。

やってみよう「パパテスト」

私が考案した「パパテスト」をご紹介しましょう。パパの優劣ではなく、子どもにどれだけ関心があるかがズバリわかるテストです。子育てでもっとも大切なことのひとつは、「わが子に関することに関心があること」です。いくつ○がつきますか？　ではスタートです。

① 子どもの生年月日を知っている

② 子どもの好きな食べ物・嫌いな食べ物を知っている

③子どものだいたいの身長・体重を言える
④母子手帳に目を通したことがある
⑤子どもが予防注射をしているかどうか知っている
⑥園の保育参観や保健所の検診に妻が行けなければ自分が行ってもいい
⑦子どもの「笑うツボ」を心得ている
⑧よその子を見てもかわいいと思う
⑨わが子が泣いていれば気になる（うるさいからではなく）
⑩子どもの担任の名前、もしくは近所の子どもの名前を言える
⑪妻が読む育児雑誌を少しは自分も読む
⑫スキンシップ的な遊びを1日1回はする

いずれも子どもに関心さえあれば、仕事が忙しいお父さんでも○がつく問いです。12点満点で、おおむね8点以上のお父さんは合格です。半分以下だった方は、もう少し子どもに関心をもってほしいと思います。ちなみに母親はほぼ全員が満点です。それだけ母親は、子どもに誠実な関心をもっています。さすがですね。

ちなみに「近頃のパパ」の平均点は9～10点。みなさんのお父さんやおじいちゃん世代の昭和パパの平均点は5点でした。中には0点の人もいたのです。「近ごろのパパ」は本当にすばらしいと思います。

子どもとの関わり方が うまくなる！章

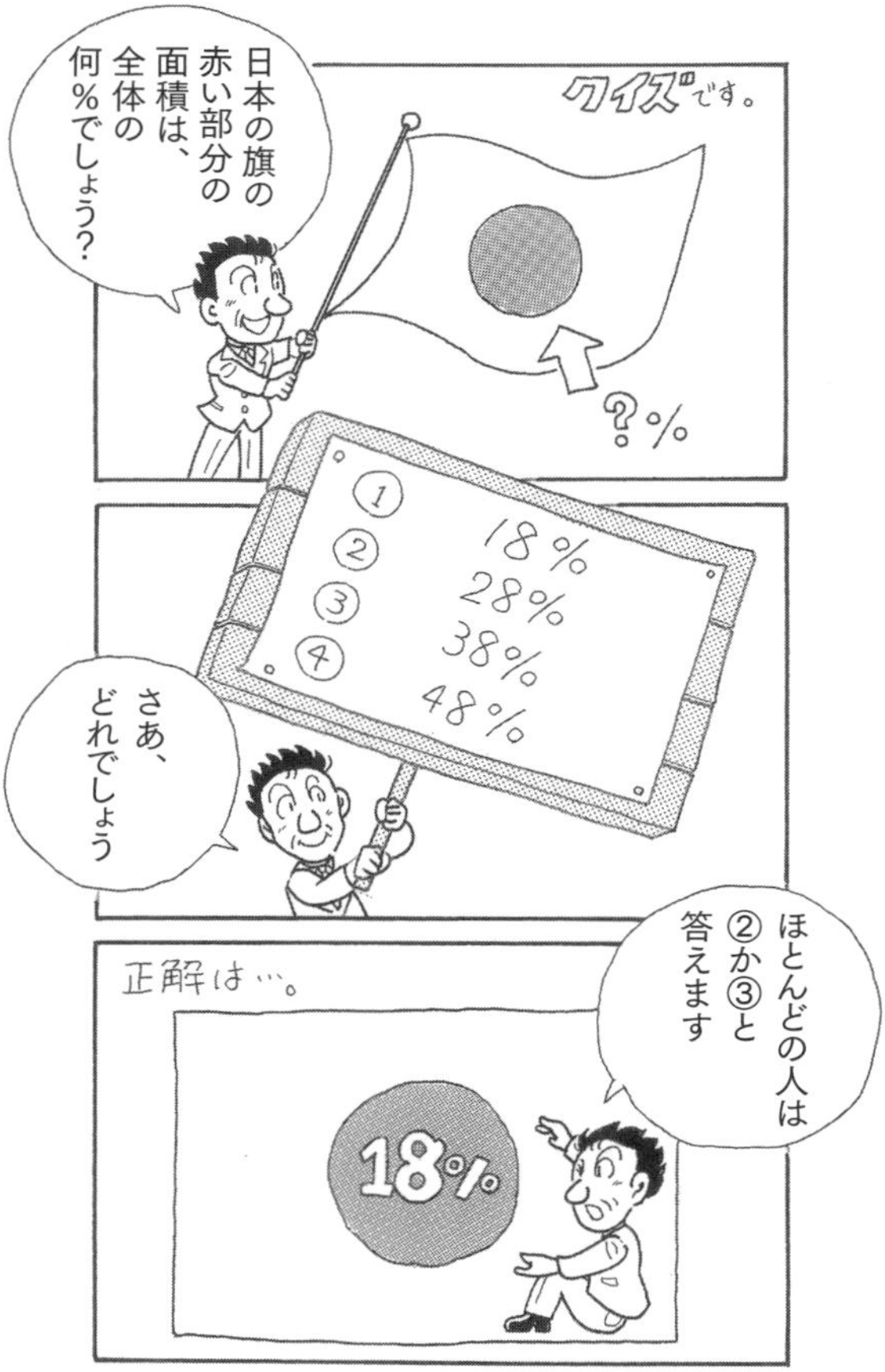

クイズです。

日本の旗の赤い部分の面積は、全体の何%でしょう?

?%

① 18%
② 28%
③ 38%
④ 48%

さあ、どれでしょう

正解は…。

ほとんどの人は②か③と答えます

18%

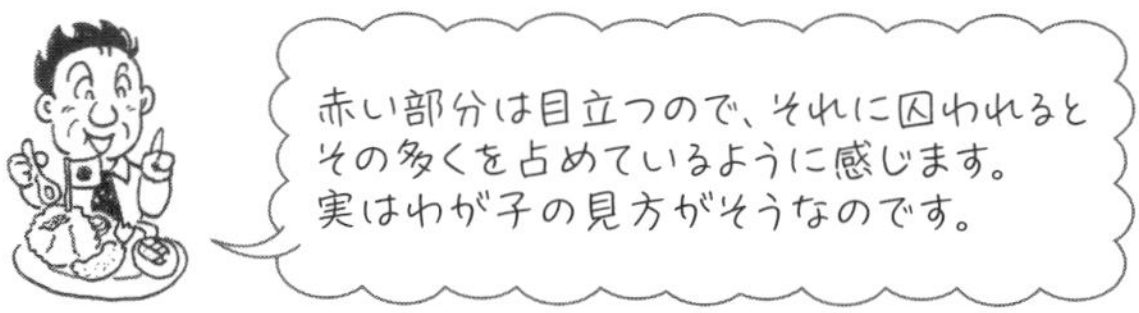

赤い部分は目立つので、それに囚われると
その多くを占めているように感じます。
実はわが子の見方がそうなのです。

詳しくは本文で

07 ありのままを受けとめる

私が子どものもっとも尊敬するところは、「決して文句を言わない」ということです。

「えっ？　うちの子はすぐにあれイヤこれイヤで、文句ばかり言って困っています。」と言う方もおられるかもしれません。でもそういう子どもでも、自分の力ではどうにもならないものに対しては、文句のひとつも言わず、ありのままを素直に受け入れているはずです。

たとえば、わが家。

自分の家がどんなに狭くても、駅からどんなに遠くても、どんなに散らかっていても、不平不満を言うのは大人だけ。子どもから、そういう苦情は、私は聞いたことがありません。

子どもは不満を感じるどころか、むしろ一番くつろげる場所としてわが家には大満足しているものです。もちろん、この世には大きな家があることも、駅から近い家があることも知っています。でも、自分の家は今のままで十分だと思っているのです。

親の育て方がどんなにいいかげんであっても、小さな子どもは苦情を言いません。仮に母親がまったく食事をつくらず、父親が毎日パチンコ三昧だったとしても、子どもにとっては、それでも大好きなお父さんとお母さんではないでしょうか。

我慢しているのではありません。お父さん、お母さんはそういう人なのだと、それでいいのだと、ありのままを認め、受け入れているのです。

保育園でも、先生がどんなに絵本が棒読みでも、ピアノが下手でも、子どもは笑顔で楽しんでくれます。それを別にイヤなこととは思わないのです。

それに引き換え、私たち大人はどうでしょう。相手が人であろうとモノであろうと、毎日文句だらけ。夏は「暑い！」、梅雨は「うっとうしい」と、自然にまで文句を言っています。

暑いと言えば、保育士時代に何度かエアコンのないクラスの担任をしたことがありました。夏になると、室温は毎日36度！　でも、「エアコンもないの？」などと文句を言うのは、担任の私を含む大人ばかり。子どもは文句ひとつ言わず、夏は暑いのが当たり前とばかりに、毎日笑顔で、実に楽しそうに過ごしていました。

私は、子どもというものがあれだけ毎日笑顔でいられるわけが、わかったような気がしました。きっと自分が関わるすべてのものに対して、そのありのままを認め、受け入れてしまうのです。

片や、相手がなんであれ、すぐに文句を言うことが得意なのが、私たち大人です。でも家であろうと、季節であろうと、人であろうと、多少、不満を感じるところはあっても、そこにはすばらしいところが必ず多く備わっています。文句を言わず、まずは自分に与えられたものを丸ごと受け止めると、どんな過酷な環境の中にもある「楽しい部分」や「嬉しいところ」に気づくことができ、私たちも子どものように、きっといつも笑顔でいられるような気がします。

自分に与えられたものをありのままを受け止めるだけで、笑顔になれる……。保育士時代に、子どもたちから教えてもらったもっとも大きなことのひとつです。

目立つ〝少数派〟にとらわれない目を

突然ですがクイズです。

日の丸の旗の赤い部分は旗全体の何%を占めているでしょうか？

答えは…

18%です。

意外ですよね。たいていの人は30%以上と答え、中には50%と答える人もいます。でも実際は赤い部分が18%しかないということは白い部分が82%もあるということです。

そうは見えませんよね。

人は目立つものにとらわれます。目立つものには気を取られ過大評価をしてしまいます。日の丸の旗も、赤い部分に気を取られるとそれが大きく見え、旗全体の中でもその多くを占めているように思ってしまい、その何倍もある白い部分の存在に気づきにくくなる、というわけです。

子育ても同じです。

お子さんについて気になること、困っていることを数えてみると、それこそ18個くらいはあるかもしれません。でも、お子さんには、その背後に82個のよい部分、すばらしい部分が必ず備わっているのです。

でも親は、その18個、さっきの日の丸で言えば赤い部分が気になります。「どうしてうちの子は…」と、もうイヤになってくる人もいるでしょう。そんな方は、お子さんに備わっている多くの「素晴らしい部分」に気づきもしないで、本当はお子さんのわずかな部分しか占めていない「困る部分」ばかりを見てひとりで嘆いているのです。なんともったいない！

保育士時代、3歳児クラスを受け持ったある年の4月。お昼寝のために着替えるよう言っても言うことを聞かず、着かえようともしないで布団の上で毎日暴れ回る子どもたちに私は疲れていました。ある日、本当に疲れた私は、子どもたちに指示したあと、もう何も言わず、イスに座ってボーっとしながら子どもたちを見ていました。

すると気づいたのです！

言うことを聞かずに暴れ回っているのはクラス20人の中の5～6人で、その他の子どもはみんなロッカーの前で、おりこうに着かえようとしていることに。

それまでは、暴れ回る子どもに目を奪われ、きちんとしている子どもたちのことが見えていなかったのです。そう、私のクラスは決して「言うことを聞かない子どもの集団」ではなく、「そんな子どもが中にはいるが、大多数は言うことを聞いてくれる素晴らしいクラス」だったのです。

お子さんの中にある、本当は少ししかない「困る部分」にとらわれず、その背後にある無数の「素晴らしい部分」を見つめながら子育てをしようではありませんか。それができたとたん、子どもの見方が変わり、〝イライラ〟のもとだったものが急に〝ニコニコ〟のもとになり、子育ても楽しくなっていきますよ。親子の笑顔がもっともっと増えていきます。

悲しいことに、お子さんの「よいところ」「素晴らしいところ」は、82個もあるというのに、他人は気づいてくれにくいものです。でも82個くらいなら、お母さんならすぐに見つけることができるはずです。だってわが子のことを一番よく知っているのはお母さんですから。

これからは日の丸を見るときも、赤い部分だけではなく白い部分の存在もぜひ注目してくださいね。

もう！
また
散らかして！

もう！
また
出しっ放し！

！

もう！
まだかしら
…。

あ、
すみません

あ、
すみません

もう！

ギュー

「もう！」は、人に言われたら結構ショックな言葉です。
なのに、子どもに向かってよく言ってしまっていませんか？

詳しくは本文で

へー
そうなのー
ペチャクチャ
それでねー
○○でねー
あ
ペチャッ
あ
あらら、こんなところについちゃった
ちょっとォ！もう！どこにつけてんのよ！
子どもがしていることは同じなのに、それで笑うお母さんと怒るお母さん。
どちらになるかは自分次第！
せっかくの"ニコニコのもと"を自分で勝手に"イライラのもと"にしていることも・・・
詳しくは本文で

08 その"イライラ"は"ニコニコ"のもと!?

お母さんが子どもたちによく言ってしまう言葉のひとつに「早く!」がありますが、実は、それに負けないほどよく言っている言葉があります。それは、「もう!」です。

子どもが何かをこぼすと「もう!」、カバンの中がグチャグチャだと「もう!」、外出先で子どもが「おしっこ」と言っただけでも「もう!」、「私の○○知らない?」と聞かれただけでも「もう!」。私の妻などは、子どものことだけでなく、スイッチを3回押してもガスがつかなかったときも「もう!」と言っています。

「もう!」は、「私は少し怒ったぞ」というときに出る言葉です。つまりイヤなとき、腹が立ったときなど、少なくとも笑顔ではいられないときです。

でも、これまで多くのお父さん、お母さんを見てきて気づいたのは、「もう!」という言葉が出てくるのは圧倒的にお母さんに多いということです。

普段一緒にいる時間の長さも関係しているのかもしれませんが、たとえば出かけた先で子どもが「おしっこ」と言ったくらいでは、お父さんは「え〜」とは言っても「もう！」とは言わないものです。「私の○○知らない？」と聞かれたら、「知らないよ」で終わります。

同じことが起こっても、多くのお父さんが「もう！」と言わないのは、ほんとうは腹が立つけれども我慢をしている、というわけではありません。別に怒るほどの場面ではないと思っているのです。

お母さんは、「もう！」と言ってしまったときは、ちょっぴりだったにせよ、なぜそのくらいのことで腹を立ててしまったかを考えてみるといいかもしれませんね。

さっきの例では、子どもの側から言うと、ただトイレに行きたかっただけ、ただ自分の持ち物の場所を聞いただけ、（本人としては）ただ普通に鉛筆を持っただけ、です。悪いことをしたわけではないのです。

たとえば子どもの顔や手にケーキのクリームがついたとき、「もう！」と言うお母さんがいる一方で、「こんなところにクリームがついてるよ、ハハハ……」と笑うお母さんも

多くいます。

怒りのもとにするどころか、笑顔のもとにしているのです。そうです。子どものすること、言うことは、「もう！」と、いちいち腹を立てる必要なんて何もないのです。それどころかそのほとんどは、自分次第で「イライラのもと」ではなく「ニコニコのもと」になったのです。「子育てを楽しむ」という言葉がありますが、それは、何か起こったときにわざわざ「イライラのもと」にするのではなく、その中にある自分の笑顔のもとを探す、ということかもしれません。

笑顔のもとは、あなたのすぐそばに、毎日無数に転がっていますよ。

「もう！」にご用心

子どもには気軽に言ってしまう「もう！」ですが、人から言われると、実にイヤな気持ちになる言葉です。

たとえばコンビニで何枚もコピーをしているとき、後ろの人が小さな声で「もう！」と言ったとしたら、あなたはどんな気持ちになりますか。映画館で、自分の足がたまたま隣の人に当たっただけで、「もう!」と言われたときはいかがでしょうか。

「もう!」と言われた人は、「この人を怒らせてしまった」「謝らないといけないのかな」などとさまざまな思考を巡らせ、変な自己反省をしたり、「このくらいで何よ!」という反発心が生じたりするものです。

そんな、人から言われたらイヤな「もう!」を、私たち大人は、子どもになら平気で言ってしまっているのです。子どもだから、言われても何も言い返さないのです。大人ならそうはいかなくなることもあります。

でも、子どもも本当は言われたくないと思っているはずです。そのつど「ママを怒らせてしまった」「謝らないと怒られる」などさまざまな思いを抱いているものです。実際、お母さんが「もう!」と言っただけで、反射的に「ごめんなさい」と謝っている子どもを見かけたことがあります。あの子どもは一体何回お母さんに謝っているのでしょう。

でも、「もう!」は、その言葉を言ったとたん、その直前のストレスが緩和される便利な言葉でもあります。言わないと、そのストレスはたまっていくかもしれません。

そこで、提案です。「もう!」と言いたくなったときは、「もう」の代わりに「はあ~」

と小さなため息をつくのはいかがでしょうか。同じようにそのストレスは軽減します。言われたほうも、「もう！」に比べると、そのショックはずいぶん薄いようです。

「もう！」の回数が少なくなるだけでも、〝すばらしい子育て〟をしていることになるのです。

あ、
落ちちゃった

今日ね………

あ違った！
あした
あした！

ははは

ね、
これ
捨ててきて

はーい

ゴミ袋

子どもはママの笑顔が大好きです。
でも、いつも笑顔でいる必要はありません。
3秒ほどの笑顔が、一日のいろんな場面であればいいのです。

詳しくは本文で

09 親が笑うだけで子どもは幸せに

保育士時代のある日、私は交通事故に遭い、口の中、外、あわせて100針も縫う大けがをしました。しばらくは口が思うように開かず、食事も普通に食べられない状態でした。口が大きく開かないのでうまくしゃべれません。何より困ったのは、笑えないことでした。笑うと口が裂けそうなほど痛くなるのです。

仕事に復帰した初日、子どもたちは私の様子を見て、何かヘンだと感づいたようです。それもそうです。まるで人が変わったように無口になったうえ、まったく笑わない先生になったのですから。

ついに、ある子どもが言いました。「先生、怒ってるの？」。どうやら子どもには、私が怒っているように見えたようです。子どもは笑顔のない大人には緊張感を抱きます。

「これは大変」と思った私は、子どもたちを集め、交通事故に遭ったこと、口が開かないだけで、決して怒っているのではなく、心は笑っていることを説明しました。私に笑顔がない理由がわかって子どもたちも安心したのか、そのあとはいつも通り話しかけてきてくれました。でも、ときどき不安になるのか、「先生、怒っていないんだよね」と、いちいち確認されたりもしました。そのとき初めてわかりました。笑顔は人のためにあるということを。

笑うと、みんないい顔になります。もったいないことに、それは自分では見えません。それでいいのです。笑顔は人のためにあるのです。笑顔になるとうれしくなるのは自分ではなく相手です。笑顔は人を喜ばせる力があるのです。特に、大人の笑顔は子どもに大きな安心感を与えます。よく笑う人は、子どもに好かれます。

子どもが笑っていると親はとても幸せな気持ちになりますが、それは子どもも同じ。いえ、むしろ子どもの方こそ、親が笑っているとうれしく、幸せな気持ちになるのです。子どもはいつも親の笑顔を求めています。親は笑うだけでも、子どもをうれしい気持ちにしているのです。

事故で私は歯を10本失いましたが、それにも勝る大きな気づきを、あの事故は私に与えてくれたと、今でも思っています。

〝3秒の笑顔〟を

子どもはパパやママの笑顔が本当に大好きです。パパやママの似顔絵を描くと必ずといっていいほど笑顔を描くのもそのためです。ママの笑顔を一度でも多く見たいので、テレビを見ていておもしろい場面で笑うと、「あ、きっとママも笑っているぞ、ママの笑顔を見るチャンスだ」とばかりにふり向いて台所のママを見たりします。そしてママが笑っていると、「あ、やっぱり笑っていた。見られてよかったあ」と安心します。もしもお笑いのギャグの真似をしてパパが笑ってくれたなら、パパの前ではそのギャグを何度もするはずです。するたびにパパの笑顔が見られるからです。

よく、「子どもに笑顔を」とか「笑顔の子育て」と言われたりしますがそれは本当です。でも、子育ては大変です。ずっと笑顔でなんていられません。

そこで、私は〝3秒の笑顔〟をお勧めしています。そう、笑顔になるのは3秒でＯＫ。〝いつも笑顔で〟なんている必要はないのです。

子どもと一緒にいるときに、３秒の笑顔をたくさん見せてあげてください。仮に１時間の中で３秒の笑顔を20回ほど見せるとすると笑顔の時間は３秒×20で１分です。そう、１時間の中で笑顔は１分、残りの59分はごく普通の顔でいいのです。

３秒の笑顔と言っても、とってつけたような笑顔、わざとらしい笑顔は必要ありません。自然な笑い、小さな笑顔でいいのです。たとえば、スプーンを落としたときに、「あ、落ちちゃった」と言って笑う。はい、これで３秒の笑顔が一回です。ニコっと笑って、「ね！　これ捨ててきて」と子どもに頼む。はい、これで二回。他、子どもの名前を呼び間違えたときに笑う、今日あったことを聞き出し、「え〜、本当」と言って笑顔になるなど、まさに日々の中で起こる何気ないことで３秒の笑顔を見せるのです。

「３秒の笑顔」「合計１分」の威力は大きく、たったそれだけでも、子どもには「お母さんはいつも笑っていた」「ママの笑顔は素敵だった」という印象が一生残るものです。笑顔だったのはたったの１分。あとの59分はごく普通の顔だったのに……。

「３秒の笑顔でよくっても、20回なんて……」とおっしゃるお母さんがいるかもしれませんね。でも大丈夫。なぜなら女性はみんな、元来笑顔の天才だからです。

たとえば、喫茶店に女性同士が入ると、その１時間の中で、３秒ほどの笑顔を20回どころか200回は笑顔を見せ合っています。どんなときに笑顔を見せているかと思えば、スプーンを落とした時、相手に何か頼むとき、何か言い間違えたとき、など、まさに先ほどのような「ごく何気ないこと」で笑顔になっています。

赤の他人にその素晴らしい笑顔を200回も見せ、最愛の人にその十分の一も見せないなんて実にもったいない話です。大好きなお子さんにこそ、その素晴らしい3秒の笑顔をたくさん見せてあげてくださいね。それだけでもお子さんはうれしくて、ますますママが大好きになりますよ。

ラップがなくなっちゃった

そうだ！

〇〇ちゃん見～えた！

僕も見る！

ママ見～えた！

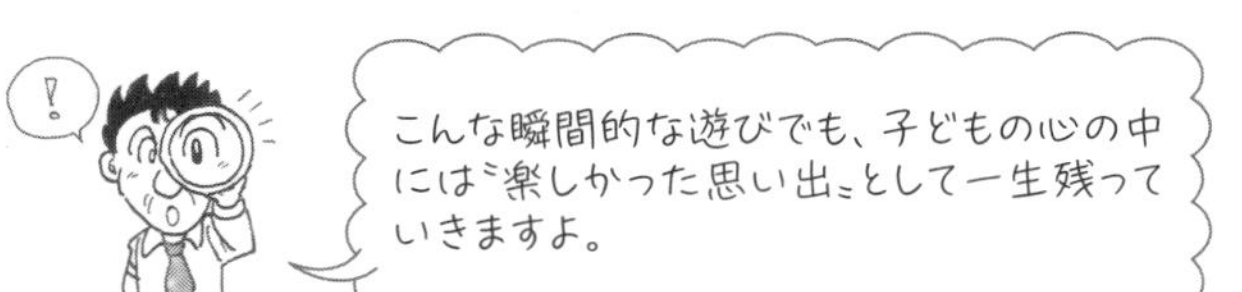

こんな瞬間的な遊びでも、子どもの心の中には〝楽しかった思い出〟として一生残っていきますよ。

詳しくは本文で

10 親から遊び始める

家庭には、小さなものも入れると子どものおもちゃが、およそ「年齢×100個」あると言われています。2歳の子どもなら200個、4歳なら400個というわけです。親はそんなに買った覚えはないかもしれませんが、雑誌の付録、お子様ランチのおまけ、お店でもらう小さなおもちゃなど、毎日の生活の中でおもちゃが増える機会はけっこう多く、勝手に増えてしまうようです。

ためしに、わが家の娘のおもちゃを数えてみると……、本当に数え切れないくらいありました。そんなにあるのに子どもはまだまだほしがります。そこでここでは、おもちゃをむやみに買わなくてすむ、とっておきの方法をお伝えしましょう。

それは、子どもが飽きてしまったおもちゃに命を吹き込み、再びそれで遊ぶようにする、ということです。

ただしお願いがあります。親が少～し関わるのです。でも、たったそれだけで子どもはウソのように昔のおもちゃで再び遊びだすのです。

たとえば、遊ばなくなったままごとセットがあれば、それを出して、突然「○○ちゃん、ごはんができたよ、どうぞ」などと言って、お母さんがままごと遊びを始めます。子どもは必ず反応します。そして、私がやるんだからママが勝手に進めないでと言わんばかりに、自分が先導するままごと遊びをやり始めます。ここ数カ月、そのままごとセットに見向きもしなかったのに、です。お母さんの誘いかけがきっかけとなって、子どもにはそのままごとセットが急に魅力的な遊びに見えてくるのです。

男の子ならたとえば、テレビ放映も終了して、もう遊ばなくなったヒーローグッズを押し入れから出してきて、親が突然「さあ来い、悪者！」と言って子どもに向かっていくと、子どもは必ず自分が主人公になりたがるので、親を悪者にし、自分がそのヒーローグッズを手にして、久しぶりにそのおもちゃで遊びだします。

その遊びを深めるために、持っているほかのおもちゃを探しにいくこともあります。

そのほか、トランプ、ゲーム、古い絵本や月刊誌……何でもいいのです。それを使ってまず親が楽しそうに遊び始め、子どもが参加したらしばらく一緒に遊ぶ。たったそれだけで、それらが急に魅力あるものに思え、途中で親が離れても、それで遊びつづけます。遊んでいなかった期間が長ければ長いほど、効果があるはずです。

おもちゃではなく、たとえば一枚の紙や一本のヒモでも、親がそれで折り紙やあやとりにして遊び始めたりすると、子どもは急にそれが魅力あるものに見え、自分もやりたがります。そういう意味では、おもちゃは家庭内には無限にあるとも言えます。

さあ、ご家庭にあるおもちゃを総点検し、まずはおもちゃ箱の一番下にあるものから遊んでみてください。しばらくは新しいおもちゃを買わなくてすみますよ。

ラップの芯も高価なおもちゃに大変身!?

たとえば食事の準備をしているとき、ラップがなくなり、芯だけが残ったとします。その芯も、ゴミ箱にポイとなったなら、子どもには当然笑顔も何も起こりません。でも、仮に、その芯を望遠鏡のようにして覗き、リビングで遊んでいる子どもに向かって、突然「〇〇ちゃん、見～えた！」と言うだけで……あら不思議、子どもはみんな、笑顔になります。

そして必ず「貸して」と言います。そのあと、同じように望遠鏡にしながらお母さんを覗き、「お母さん、見〜えた」と言います。そして1分もしないうちに飽きて、その辺に転がします。でも、それでいいのです。その一連のやり取り、そのわずか1分の出来事こそが、子どもの中には一生の思い出として残るのです。

たとえば大きくなって、自分が料理をつくるようになり、ラップの芯が出たときに、ふと、思い出し、「お母さんとこれでよく望遠鏡遊びをしたなあ」と感慨にふけったりすることもあるでしょう。「よくした」と言っても、おそらく1回か2回だったはずです。でも、その1回2回が大切なのです。親との楽しい思い出というのは、そのときの時間や回数ではなく、親が関わってくれたこと自体が、「楽しかった思い出」として残っていくのです。

おもちゃは、子どもの心を豊かにするために存在するものです。そのおもちゃの値段は関係ありません。そして、子どもにとってそのおもちゃの印象や値打ちは、その場面に親がいたか否かでも、大きく違ってくるようです。

そういう意味では、何万円で買ったおもちゃよりも、経費がほとんどゼロの、親が傘袋の中にただ息を入れて作ったロケットや、薬屋さんでもらって一緒に遊んだゴム風船のほうが、よほど「楽しかった遊び」として思い出に残っていることが多いものです。その思い出はお金では買えません。必要なのはお金ではなく、子どもへの愛情。それがないとできないことばかりです。仮に値段をつけるとすると、そのときの遊びやおもちゃはそれぞれ何万円の値打ちがあるのではないでしょうか。実際の経費はほとんどゼロに近かったのに……。親が関わった遊びやおもちゃというのは、それくらい価値があり、時間がたつほど値打ちが出てきます。

いっしょに遊ぶ、子どもと関わって遊ぶ。簡単なようで難しいものです。でも案外、やってみると簡単だったりします。ためしに、今日このあと、ぜひ一緒に遊んでみてくださいい。たった5分遊んだだけでも子どもは何十回も笑顔になり、もしかしたらその5分の遊びを50年後まで覚えているかもしれませんよ。

お茶！
お茶がどうしたの？
おかわりちょうだい
最初からそう言いなさい
足！
足がどうしたの？
お茶
ひとつの単語で何かを伝えようとするのは、実は大人のほうが多いようです。
よくある子どもの「単語ことば」はその真似をしただけかもしれません。
詳しくは本文で

11 〝単語ことば〟にご用心

「お茶！」
「おかわり！」

子どもが、ひとつの単語だけで用を済まそうとしたとき、大人は、その要求はわかっていても、「お茶がどうしたの？」「おかわりがどうしたの？」と、つい意地悪く聞き返してしまうことが多いようです。すると子どもは「お茶ちょうだい」と、きちんと言い直します。本当はどういうべきかわかっているのですよね。

でも、そういうふうにひとつの単語のみで用を済まそうとするのは、子どもより大人のほうが断然多いものです。

たとえば食事中、子どもがひじをついていると「ひじ！」と言ったり、足のお行儀が悪いと「足！」と言ったり、子どもが帽子をかぶり忘れただけで「帽子！」と言ったり……。

子どもにとっては、まさに「ひじがどうしたの？」「足が何か…？」と言いたくなるのではないでしょうか。そう、それぞれ本当は「ひじをついてはいけません」「足をお行儀よくしなさい」「帽子をかぶりなさい」と言うべきだったのです。

単語ことばは便利なので、街へ出てもあちこちから聞こえてきます。たとえば喫茶店では、「コーヒーふたつ」、ショーケースの中のものを見て、「すみません、これ」、お店の人もお客さんが釣銭を取り忘れただけで、「あ、おつり」……。そう言えば、「フロ！」「メシ！」「寝る！」の三大ことばは、昔からオヤジ族の専売特許でした。それらもすべて、本当はもう少していねいな言い方があったはずです。

でも、相手に多くを語らせず、こちらが気を利かせて相手の思いをくむことが美徳とされている日本では、それで用が足りるのです。

だから私は、子どもたちが単語のみで要求を伝えようとするのは、大人のそういう言い方を普段よく聞いているからこそ出てしまった言葉のような気がします。赤ちゃん時代、「マンマ」「ブーブー」のみで親がその意をくんで動いてくれていたので、そのクセが残っているのかもしれません。

その原因はともあれ、単語ことばのいけないところは、その言葉を言うときに、笑顔は決して見られないということです。

たとえば「ひじをついたらだめですよ」ならばニコっと笑って言えますが、「ひじ！」「あし！」は笑顔で言えません。喫茶店でも、注文を「コーヒーふたつ」とだけ言う人は仏頂面で言うことが多く、「コーヒーふたつお願いします」とていねいに言う人は、やや笑みを浮かべたような顔になっているものです。

相手には単語ことばで用を済まさず、きちんと言う……、まずは大人から気を付けたいものです。

〝事情〟を探そう

さきほどの「単語言葉」もそうですが、大人は平気でするのに、ぼく（私）たちがしたら怒られてしまう。ということが子どものまわりでは、よく起こっています。

たとえば、生け花をする方は、子どもの前で惜しげもなくチョキチョキと花を切っていきます。庭にチューリップを植えている人は、咲いている真っ最中に、ちょきんと花を切り落としたりします。花に関しては子どものように無知だった私は、保育士の新人時代にその光景を初めて目の前で見たときはびっくりしました。「そうするほうが球根がよく育つ」という理由に、そのときすでに大人だった私は納得できましたが、目の前で見せられた子どもはきっと驚いただけのはずです。そしてきっと思っています。「僕たちが花を切ったら怒られるのに、どうして大人は切っていいのだろう」と。

だからと言って「子どもが見ている前では……」とか「子どもにとってはどうか……」なんてことばかり考えていたのでは、何もできなくなってしまいます。子どもがどう思おうと、大人がすることにはすべて〝事情〟があるのですから。

でも、それは子どもも同じです。そう、子どもの行為や行動のすべてには、それがたとえ大人が困ることだったとしても、子どもなりの〝事情〟があるのです。

たとえば、子どもが牛乳パックをあけてコップに注ぐとき、うまくコップの中に注げず、外にこぼしてしまうのは、牛乳パックはその注ぎ口から勢いよく牛乳が出てくるのを、経験不足ゆえ、知らなかったという〝事情〟がよくあるものです。

大きな箱を持った時に落としてしまったときも、「大きなものはしっかり持っておかないと落ちやすいということを知らなかった」という〝事情〟があったのです。

兄弟でスーパーに行ったときはいつも店内で追いかけっこが始まるというときは、スーパーの通路が追いかけっこにはもってこいで、ダメだとわかっていてもつい走ってしまうという事情があるのかもしれません。

お母さん方も、もしも子どもと歩く商店街で素敵なお店を見つけたなら、つい中に入ったり、そこで知り合いに会ったら何分も立ち話が始まったりすることがあるように、人は誰でもその行動には、必ず何か〝事情〟があるのです。

子どもに困ることをされたときは、叱る前に、子どもがそんなことをしてしまう〝事情〟を、たとえば夫婦で探すのもおもしろいかもしれません。でもその〝事情〟の一番の発見者はきっとお母さんでしょうね。子どもの〝事情〟は目に見えないものが多いのですが、お母さんにだけは見えることが多いので。いつもその事情が真っ先に見えてくるようになると、子どもを叱る回数もずいぶん減り、逆に笑顔になれることが増えていきますよ。

保育園では…。

いただきまーす

なんて
おりこう
なのかしら

モグ
モグ

家では…。

こら〜！

家では好き放題なのに園ではおりこう
……。
それでいいのです。
だって、家庭は一番リラックスできるところ。
子どもはちゃんと使い分けているのです。

詳しくは本文で

12 〝食育〟3つのキーワード

「食育」が今、話題になっています。食事に関する正しい知識と習慣を身につけていこうとするもので、「食の教育」、略して「食育」です。

私も大賛成です。「食」という字は人を良くすると書くだけあって、正しい食事は、人間にとってとても大切なことだからです。

しかし、です。

私はアレルギー体質であることもあって、食べ物の好き嫌いも激しく、朝もトーストとコーヒーのみ。野菜もそれほど多くとらないし、インスタント食品やレトルト食品も結構食べています。だからこそ私は食育に関心があるのかもしれません。

でも、食育で求められることは、何だかとても面倒で、難しそうなことばかり……。

実を言うと、食育に対してはそんなイメージを抱いていました。

でもいろいろ研究した結果、そんな私でも、簡単に実行できて、しかもその効果が絶大な3つのキーワードを知りました。それをお伝えしたいと思います。

ひとつ目のキーワードは「ひらがな」です。

何にしようか迷ったときは、「ひらがな」で書けるものを選ぶのです。パンかごはんで迷ったときは「ごはん」。「スープ」か「みそ汁」かで迷ったときは「みそ汁」。「ステーキ」か「肉じゃが」かで迷ったときは「肉じゃが」、「ラーメン・スパゲティ」よりも「うどん・そうめん」……というわけです。

ひらがなで書ける食材やメニューが、過去何百年もそれを食べてきた私たち日本人のDNAには一番よく合うそうなのです。なんだか、わかるような気がしませんか。

ふたつ目のキーワードは、「手作り」です。

手作り料理の効用はたくさんあるのですが、もっとも大きな恩恵が、添加物に関してです。たとえばおにぎりひとつでも、コンビニで買うか手作りにするか、だけで、体内に入る添加物の量は10倍違うのです。

毎日すべて手作りで、というのではありません。でも、たとえば、ある日、サンドイッチを食べたくなったとしても、コンビニで買わずに、家でつくって食べたとすると、それだけで子どもの体内に入った添加物は10分の1になるというわけです。そう考えるとなんとなくいい気持ちになりますよね。その気持ちが大切なのです。

何より手作り料理にはビタミンＩ（愛）が入っています。その愛情がたっぷり入っているお母さんの手作りは、子どもには世界一おいしい料理なのです。

３つ目のキーワードは「笑い」です。

食卓に笑いがあれば、食べたものがおいしく感じられ、胃腸の働きがよくなり、それが栄養となって体に吸収されやすくなるそうです。同じメニューでも、ひとりで食べたときと、友人と楽しく食べたときとでは、おいしさが違うのはそのためだそうですよ。叱られながら、泣きながら食べる完ぺきな手料理よりも、少々インスタントやレトルト食品が混ざっていても、家族が楽しく笑いながら食べる食事のほうが子どもにはよほど栄養になる、と言いきった料理研究家もいたほどです。

「ひらがな」「手作り」「笑い」――その３つのキーワードを、今日の食卓に、ぜひ！

園ではよく食べる子どもたち

保育園では保育参観というのがよくあります。わが子の園での様子がわかるのでお母さん方は興味津々。もっとも参加率の高い行事のひとつです。

園での食事風景を見たお母さん方が必ず言うことがあります。

「家では食事中、全然じっとして食べないのに、園ではどうしてあんなにおりこうさんなのかしら」

確かに、保育園では1歳の子どもでも、ほぼ最後まで座って食べています。実はわが家の子どもたちもそうでした。園ではきちんと座って食べ、好き嫌いも言わず、全部食べています。先生に怒られるからではありません。どうやら子どもなりにけじめをつけているようです。園では、家庭のように好き放題のことができないことを知っているのです。

子どもは、団体生活の中では、一見無邪気に過ごしているように見えて、結構緊張しながら生活しているものです。勝手なことは言えず、決まりを守らないといけないことを、1歳の子どもでも知っています。我慢しています（だから0歳、1歳の子どもの中に

は、お迎えでママの顔を見るやいなや、緊張が解けて、ワッと泣きだす子も）。園ではなんでも食べ、最後まできちんと座って食べるのに、家ではわがままのし放題に言い放題。

でも、私はそれでいいのだと思います。なんだかんだ言いながら、嫌いなものは減らしてくれたり残させてくれたりするお母さん。じっとして食べなさい！　と口では怒りながらも、やさしいやさしいお母さん。家庭、そしてお母さんには、団体生活では決して味わえないくつろぎがあるのです。家でまで緊張を強いられたら子どもはたまりません。

家ではダメダメだけれど、外ではきちんとしている……、もしかしたら、われわれ夫族もそうかもしれません。えっ？　お母さんたちもそうかもしれないですって？　いいじゃありませんか。

がんばれー

子どもの気持ちが見えるようになる！章

子どもが昨日
先生に蹴られたよ!
と言うのですが

ええっ!?

いくぞ!

こい!

キーック!

やるな!

ぴと!

実は…。

そうだったんですか

子どもの話は、その言葉に隠された部分を探らないと、色んな誤解を生じることがあります。

詳しくは本文で

13 子どもの言葉をうのみにしない

保育士時代の話ですが、3歳児を担当していたある日のこと、ひとりのお母さんから突然こう言われました。「子どもが、先生に蹴られたと言うのですが……」。これには私のほうがびっくりでした。そんなことをするはずがありません。でも、そのワケがすぐにわかりました。

その前日、子どもと戦隊ごっこをしていた私は、その戦いの中で「ライダーキーックー！」などと言いながら、お互いに腰やお尻にキック合戦をしていました。子どもは本気できますが、私はもちろん、かなり手加減したキックです。そのことだったのです。

子どもとしては、「先生と戦隊ごっこをして、先生のライダーキックを受けてしまった」と、その戦いの様子をお母さんに伝えたかっただけのようでした。3歳児が、その話を省略して伝えると「先生に蹴られた」となるようです。

子どもがそれを笑顔で楽しそうに言うから、おかしいなと思った、とお母さん。幸い、誤解はすぐに解けましたが、私は思いました。小さな子どもは「事実」を伝えるけれども、「真実」までは伝えてくれないのだな、と。

実はそれ以前、子どもの話した「事実」だけを聞いて失敗したことがあります。給食の時間に、先に来たみそ汁を子どもに配ったあと、次のおかずを給食室に取りに行ったところ、お当番の子どもが「〇〇ちゃんがみそ汁をこぼした」と走って言いにきたのです。私はのん気に「はいはい、じゃ、台ふきで拭いてね、って言っておいて」とだけ伝え、子どもを帰しました。

あとで部屋に戻ってびっくりです。なんとその子は半ズボンの上に熱いみそ汁をひっくり返し、自分のひざを赤くしながら、私の言いつけ通り、こぼしたみそ汁を泣きながら拭いていたのです。すぐさま流水で冷やしたところ、ひざがうっすら赤くなるだけですみましたが、その男の子には本当に申し訳ないことをしてしまいました。

「みそ汁をこぼした」と言った子どもの言葉にウソはありません。それが「事実」ですから。でも、その言葉からあらゆる可能性を探るべきでした。

その事件と、あの「キック事件」があってからは、私は子どもの話は、その言葉だけでとらえないよう気をつけるようにしました。信じないというのではありません。真実のごく一部しか語っていないと思い、その言葉の背後にある「見えないもの」を探るようにしたのです。

たとえば子ども同士でトラブルがあったときでも、子どもは「たたかれた」などと、自分の被害事実しか言いません。でも、実際は自分が先にたたいていたことも多いのです。子ども同士のトラブルは、その「真実」がわかるまで裁判しないに限ります。

みなさんも子どもの話はうのみにせず、その言葉から、あらゆる可能性を探る習慣をつけていっていただきたいと思います。

きょうだいげんかの仲裁法

きょうだいげんかをしたとき、子どもはどちらも、親に自分の言い分だけを言いにくることが多いものです。そのときも親は、その言葉をうのみにしないほうがいいのです。

たとえば、「おにいちゃんがたたいた」と弟が泣きながら言いにきたとします。

そのとき、その言葉を信じて、おにいちゃんを一方的に叱ってはいけません。おにいちゃんの言い分も聞いてみましょう。おにいちゃんは必ず「(弟に) おもちゃを横取りされた」というようなことを言ってくるはずです。

そのときも、「あなたが先にそんなことをするからよ」と、弟を叱ってはいけません。なぜなら「だって、貸してって言っても全然貸してくれなかったから」と弟にも事情があったかもしれないからです。

「まあ、どうして貸してあげないの」と、再びおにいちゃんを叱るのもいけません。「だって……」と、おにいちゃんにはもっと言い分があるからです。

子どもは、ものごとの「真実」を言えず、自分の言い分を中心に「事実」を断片的に言うだけなので、子どものきょうだいげんかに親が仲裁に入るとうまくいかないどころか、よけいにこじれることのほうが多い気がします。なぜこじれるかと言うと、たいていの場合、親は結局ふたりとも叱ってしまうことが多いからです。子どもはお互い「お前のせいで怒られた」となり、さらに険悪になったりすることも……。

先ほどのように、互いの言い分をしっかり聞き、どちらの言葉にも共感するようにすると、お互い自分が認められたような気がし、かえってすんなりと仲直りができることが多くなりますよ。両者の言い分を聞くのには1分もかかりません。とかく大人は、いろんな場面で1分を惜しむことが多いようです。でも、その1分が子育ての中ではとても大切な時間だったりします。

次の
駅は
なあに？

○○駅よ

じゃあ
その次は？

△△駅よ

じゃあ
その次は？

そのまた
次は？

もう
知らない！

子どもは自分の質問にママが答えてくれるのが嬉しいのです。その時の答えは何でもOK。ただママの優しさを感じたいだけだから。

詳しくは本文で

14 質問に答えるだけで伝わる愛情

「ねえママ、次の駅はなあに？」「次は○○よ」「じゃあその次は？」「××よ」「じゃあ、その次は？」……。

電車に乗っていると、よくそういう会話を交わしている親子を見かけます。何十年前から見られる、実にほほえましい光景です。子どもは、駅に名前がついていることが不思議でおもしろいのでしょう。

でも、聞かれたほうのお母さんは困っています。２つ３つ先くらいまでなら言えるでしょうが、その先になると、もうわからなくなってしまうこともあります。最初こそ「○○よ」とやさしく教えていたお母さんでも、４つ目くらいで「もういいの！」となったりすることもあります。

子どもが親に駅の名前を次々に聞くのは、本当は駅の名前を知りたいのではなく、自分の問いかけに、嫌がらずにやさしく答えてくれる、「愛情のやりとり」がほしいからのような気がします。駅名なんて、どうでもいいのです。うれしいのです。自分の質問に親が答えてくれることが。だから、本当は知っているのに聞いたりすることもあります。その証拠に、「その次は?」と聞かれて、間違った駅名を言おうものなら、「違うよ、○○だよ」と言う子どももいます。「知っているなら聞かないで!」と言っていたお母さんもいましたが、そこで怒ってはいけません。

そもそも子どもは、自分が大好きな人にしか、質問というものをあまりしないものです。子どもが大好きな人、そして自分を心から受け入れてくれる人……、それはやはりお母さん、お父さんです。

だから、お母さんお父さん以外の人と電車に乗っているときは、仮に本当に駅名を知りたくなったときでも、聞かないのものです。自分の大好きなお母さんお父さんだから聞きたいのです。

子どもが親に質問をする理由はもうひとつ。それは、そこから心地よい「親子のふれ合いタイム」が始まるということを知っているからです。

電車に乗っているときも、質問の内容は、本当は何でもよかったのです。思いつきやすいのが駅名で、それを話題にすれば、そこから楽しい「親子の会話」、大好きなママとの「ふれ合いタイム」が始まると思い、そのきっかけをつくろうとしているのです。駅名に限らず、子どもが親によく質問をするのもそこだと思います。その質問が何であれ、質問したことをきっかけにして、そこから始まる親との「ふれ合いタイム」を自分でつくろうとしているのです。

もしも電車の中で、子どもから次々と駅名を聞かれたときは、たとえわからなくても、決して「知らない！」とか「もういいの！」とかは言わないでください。「ママ（パパ）もわからないから駅に着いたら一緒に見てみようね」「なんていう駅かなあ、楽しみね」など、それをスタートに、子どもの期待通りの、笑顔のふれ合いタイムをパパもママも楽しんでほしいと思います。

子どもにたくさんのことを伝えよう

案外気づかないものですが、人は小学校に上がるまでに人として当然身につけておくべき常識や、当然知っておくべき知識といったものは、その親から教えてもらっていることが多いものです。絵本やテレビ、保育園や幼稚園の先生などから教わったことの何倍もの量の知識や常識を、親から教えてもらっているのです。「教える」というその行為は、親も意識しないような、ただ聞かれたから答えた、何かをするときにそのやり方を伝えた、といった、普段のごく何気ない場面の中でたくさん行われているものなのです。

そういう意味でも、普段の生活の中で、子どもが「どうして……するの？」「これは……なの？」などと尋ねてきたとき、その返事をおろそかにしないことが大切です。

きっちり正解を教えなくてもいいのです。聞かれたら答える、やさしく伝える……、それでいいのです。面倒がったり、「知らない」と言ったりするのはいけません。尋ねただけで怒ったりするのはもっといけません。もう聞きもしなくなってきます。

そのときの答え方の差は、小学校に上がったころ、はっきりと子どもに表れてきます。就学前までに、親からやさしくいろいろ教えてもらった子どもは、とにかく落ち着いています。ていねいに教える、やさしく教える、たくさん教える、というのは、子どもへの愛情がたっぷりの人にしかなかなかできないもので、その「親の愛情をたっぷり受けた感」からくる落ち着きのように思います。就学前までに十分に教えてもらっていない子ども、何を聞いても面倒がられた子どもは、その正反対……というわけです。

子どもに何か聞かれたときのご自身の答え方や態度を、一度意識してみてください。

でも、この本を手に取って読まれている方なら、きっと、大丈夫な気がします。

行くよー
待ってえ
何してるの！早く！
○月×日 ロードショー!!
あ、ちょっと待って！
ダメダメ
10秒ほど待ったり見せてやったりするだけで、子どもは満足し、そのあとの行動がずいぶん違ってきます。
10秒待つだけで子どもはどんどん、いい子になっていきますよ。

詳しくは本文で

15 10秒待とう

ある調査によると、母親が、1日の中でもっとも多く子どもにかける言葉のひとつが「早く……」だそうです。その調査では、平均的な母親で、1日30回言っているそうです。そんなバカな！　と思ったある父親が調べてみると、そのお母さんは子どもが朝学校に行くまでに30回をクリアしていたという笑い話があるくらいです。

子どもは何をするにも時間がかかってしまいます。なかなか「早く」はできません。子どもは普通にやっているつもりでも大人からはゆっくりに見えたりします。

たとえば、キャラメルを箱から出して、紙をむいて口の中に放り込むまでの一連の作業を、大人なら5秒でやってしまいますが、小さな子どもだと、それだけに30秒くらいを要することもあります。大人は靴をはくのに3秒とかかりませんが、2～3歳の子どもなら片方だけで10秒以上かかることもあります。

子どもは、大人のようにスピーディには動けないのです。でも、時間さえ与えると、子どもでも、たいていのことはひとりでできます。ところが、何でもスピーディにすることが好きな大人には、「待つ」ということがなかなか難しいようです。

子どもが靴を履くときでも、最初の5秒くらいは待てますが、それ以上かかるとつい「早く！」が出てくるときがあります。しかし、あと数秒待ってあげれば、そんな言葉は言わなくてもすんだかもしれないのです。

私は、子育てでもっとも大切なことのひとつが、「待つ」ということだと思っています。と言っても、「5分でも10分でも待とう」と言っているのではありません。待つ時間は、さっきのように、その都度ほんの5秒か10秒でいいことが多いのです。

たとえば買い物に行く途中、電柱にアニメ映画のポスターが貼られていたら、子どもは10秒ほど見るだけで満足し、その後の買い物にも機嫌よくついてきます。それを、少し立ち止まっただけで、「早く！」と言って数秒も見せず、その手を引っぱってしまうと、子どもは満足できなかった悔しさで、そのあとずっと機嫌が悪くなったりします。

子どもが見たがったものは1分も2分も見せる必要はありません。ほんの10秒ほどでいいのです。大人と違い、たったそれだけでも満足するのです。その10秒を惜しんだために、それをリカバーするのに何十時間も何十日もかかる大変なことがあとでやってくることだってあるのです。

「待つ子育て」ができると、いいことがたくさん起こります。まず、「自分でできた」の気持ちをたくさん味わうことで、自分に自信をもつようになりあす。そして何より、子どもは自分を待ってくれた人に対して、信頼感、安心感、そして愛情といったものを感じるので、とてもいい関係を築けるようになるのです。

「待つ」ということは自分の時間を献上することです。確かに「待つ」と、自分の時間を損します。でも1日を通して「待つ子育て」を心がけたとしても、待った時間の総計は15分にも満たないはずです。たったそれだけで、たくさんのすばらしいものが、その親子に必ずやってきます。待った甲斐は必ずあるのです。

「待つ」と伝わる親の愛情

「待つ」という行動は、相手に対して愛情や思いやりがないとできない行為です。人は、自分を待ってくれたらうれしく感じるのは、その行為に「自分が大切にされている感」「愛されている感」を感じるからでしょう。

さらに子どもは、待ってもらえたなら「安心感」を感じます。子どもはいつでも、そこに「安心感」さえ保証されていれば、素直に動き、行動も積極的になるという特性を持っています。

たとえば、親子で出かける際に、玄関先でハンカチを忘れたことに気づき、2階に取りに行かせるとき、「ハンカチを取っておいで！」と言うと、子どもは「え〜！」とか言ったりするものですが、そのあとに「待っててあげるから」というひとことをつけるだけで、ウソのようにさっと取りに行くことがあります。取りに行く間に先に行かれてしまうかも、などのあらゆる不安が払拭されるからでしょう。

5歳くらいにもなれば、外出先でもひとりでトイレに行けるようになりますが、促してもなかなか行かないのが子どもです。そんなときでも、「待っててあげるから行っておいで」と言うだけで、子どもは素直に行ってくれるものです。トイレの外で待っているというのは当たり前のことですが、それを言葉で言うだけで、限りない安心感を抱くわけです。

子どもは、親がちゃんと待っているときでも、「待って〜」と言うことがよくあります。「待ってもらうこと」は、子どもにとっては重要事項なのです。

逆に言えば、親は子どもを待つだけで、簡単に「愛情と思いやりと安心感」を与えることができるのです。よほど急いでいる時でない限り、ぜひ待ってあげてくださいね。

子どもが泣く原因…

この3つさえなければ、子どもって案外泣かないのですよ。
大人でも泣きたくなるようなことをされたり、言われたりしたら泣いちゃいますよね。

詳しくは本文で

16 子どもは泣かない!?

子どもは、2歳になるとあまり泣かなくなるということをご存じでしょうか？　えっ！と思われるかもしれませんが、本当です。子どもがよく泣くのは0～1歳の赤ちゃん時代だけ。それより大きくなると、子どもはそれほど泣かなくなるのです。

ウソだと思う人は、幼稚園や保育園をフェンスの外から10分ほど見学してみてください。子どもがあんなに大勢いるのに、子どもの泣き声はほとんど聞こえてこないはずです。本当に「子どもはよく泣く」のであれば、その間だけでも、何度か泣き声が聞こえてきそうなものなのに。

2歳を過ぎても泣くのは、次の3つがあるときです。その3つとは、「痛み」と「恐怖感」、そしてあとひとつ「大人からの心ない言動」です。

保育士時代、その日、保育所では一度も泣かなかった子どもが、お母さんが迎えに来て、お母さんと関わり出したとたん、泣いてしまう光景に何度も出会いました。保育所では8時間、一度も泣かなかったのにどうしてだろう、と思いながらその様子を見るうちにわかってきました。そのときにお母さんからまさに泣きたくなるような言葉を浴びていることが実に多いのです。

たとえば「(園からの帰りに)〇〇に行きたい」と言っただけで、「だめ!」と一蹴され、追い打ちをかけるようにわがままだの何だの言われて怒られたり、何かを訴えているのにずっと無視されたり……。自分の気持ちや言葉を冷たい言葉で否定され、その否定のされ方が悲しくて「ワーン」となるのです。

子どもの関わり方がうまいお母さんや園の先生方の多くは、子どもの言葉は、たとえそれができないときやその要求が理不尽なものであっても、「よし、今日はダメだけど今度ね」などと言いながら、うまく流しています。

子どもにとっては否定されたことに変わりはないのですが、そういう言われ方ならさっきの子どもだって泣かなくてすんだかもしれません。

子どもは、普段、「〇〇したい」と自分の気持ちを言っただけでも叱られるようなことが結構多くあります。極端に言えば「暑い」とか「寒い」とか言っただけで、暴れるから暑いだの、上衣を着ないからと怒られています。「暑い」や「寒い」は大人だって言っているのに、です。

子どもが何を言おうとも頭ごなしに叱ったりせず、「ほんとね」「どうしようかなあ」などと相手が大人なら当たり前のように言っている返事を返すだけで、泣くどころか笑顔になってくれます。そういう意味では、子どもは泣くも笑うも、大人次第なのです。

改めて言うと、「痛み」「恐怖感」「大人からの心ない言動」さえなければ2歳を過ぎた子どもは本当に泣かないのです。

子どもが泣いたときは、その3つがなかったかどうか注意してみてくださいね。

機嫌よく過ごせば心が落ち着く

幼稚園や保育園では、「保育カリキュラム」を毎月つくって保育にあたっています。その中には、その月のねらいや、実施しようとする保育の内容などが、細かく書かれています。

０歳児・１歳児クラスの４月・５月の「保育のねらい」には、よくこう書かれています。

「機嫌よく過ごさせる」

子どもは機嫌よく過ごすことができさえすれば、心が安定し、泣かなくなるとともに、その動きや行動も落ち着いたものになります。

だから保育士時代の私は、何歳のクラスを受け持ったときでも、子どもたちがいかに毎日機嫌よく過ごすことができるかを目的にして保育にあたっていました。

「機嫌よく過ごす」ことは、人間にとってとても大切なことだと思っています。今は、お父さん講座でもよくこう言っています。

「家庭で一番大切なことは、奥さんに毎日機嫌よく過ごしてもらうこと。それさえできれば、家の中に笑顔があふれ、家族みんなが機嫌よく過ごすことができます」

毎日機嫌よく過ごすことができたなら、０歳児でも無駄に泣くことがずいぶん減ってきます。３歳児ならば、無理を言わなくなります。５歳児ならば素直に言うことを聞いてくれることが増えます。

機嫌よく過ごすことができないと、その逆、つまり０歳児なら泣いてばかり、３歳児ならば癇癪を起こし、5歳児ならば屁理屈ばかりを言うようになったりします。家庭の奥さんだって、機嫌がいいときとよくないときとでは、家事のやり方や家族への言動が全然違ってきたりすることがあるはずです。

「機嫌よく過ごさせる」とは、機嫌を取るという意味ではありません。保育園では「子どもが快適に過ごす」「不快な思いをさせない」と解釈しています。

子育ての中でも人間関係の中でも、毎日楽しく愉快に、機嫌よく過ごすということは、とても大切なことなのです。

でも誰に言われなくとも、子どもが0歳時代には、どの親も当然のようにして、そんな関わり方をしています。1歳以降になってもそのように、機嫌よく過ごさせてもらった子どもは、心が安定し、笑顔も増え、どんどん「育てやすい子ども」になっていきます。「機嫌よく過ごさせる」「子どもに〈快〉の気持ちを多く与える」という子育ては、結局は親のためにもなるのです。

アーアー
ほしいのね、はいどうぞ
ダー
アーアー
はーい！もう一度ね
決してわがままではない"小さな望み"は叶えてあげると子どもの心も体もスクスクと育ちます。
詳しくは本文で

17 子どもの〝小さな望み〟をかなえよう

なかなか気づかないことですが、私たち大人は普段、希望や願望は、ささいなものであれば、ほとんどすべて自力でかなえています。

たとえば電車に乗るとき、ふと先頭車両に乗りたくなれば、勝手に先頭車両に並び、急に本屋さんで立ち読みをしたくなったなら、自由に書店に寄って見ています。読みたいだけ読むので、5分で終えることもあれば、30分読むときもあります。夏に冷たいお茶が飲みたくなれば、勝手に冷蔵庫を開けて飲むし、おかわりしたくなればおかわりをします。「こうしたいな」ということは、ある程度のものなら大人はほぼすべて自力で実現させることができるのです。

でも、子どもはそうはいきません。

電車なら先頭車両に乗りたくても、親が乗ったところが乗る車両。本屋さんの前を通ってちょっとだけ見たいなと思っても、歩みを止めただけで、「ダ～メ！」のひとことでサッと連れていかれたりします。食事中、のどが渇いて「おかわりちょうだい」と言っても、すぐにはもらえず、「もう！　お茶ばかり飲んで……」などの小言を言われながら、やっと飲ませてもらえたりします。

子どもは日々、大人なら当然のようにしてかなえているような、ごく小さな望みですら、なかなかかなえることができず、いちいち大人にお願いをしたり、許可を得たりしなければならないのです。のどが渇いてもお茶一杯、即座に飲めないことが多く、そのつらさは、そのレベルの望みなら何でも自力でかなえている大人にはわからないかもしれません。

私は、子どもの決してわがままではない、単なる好奇心や探求心、そして生理的欲求からくる小さな望みは、できるだけかなえてあげてほしいと思っています。子どもは小さな満足感を味わえば味わうほど心が安定し、行動も落ち着くからです。

保育士時代に、保育士が小さなスコップを子どもたちに配る機会がありました。子どもたちは「青いのちょうだい」「私は赤がいい」と次々とほしい色を言ってきます。隣で

配る先生は「どれでもいいの！」と言って適当に配っていました。私は「はい、どうぞ」とリクエストに応じた色を渡していきました。すると、子どもたちは「ありがとう」と礼を言い、とても喜んで砂遊びを始めました。もうひとりの先生からもらった子どもは礼も言わずに不満そうに受け取り、中にはほしかった色のスコップを持った子どものものとこっそり交換しようとする子どももいたのです。

子どもがお茶のおかわりを望んだなら、コップに半分入れてあげるだけでいいのです。それだけでも子どもは満足し、そのあとの食事も、かえってよく進んだりします。

人は満足感を味わうと笑顔になり、心も落ち着き、行動もずいぶん落ち着きます。そして、その望みをかなえてくれた人に対しては強い信頼感や安心感をもちます。

かなえてあげても誰にも迷惑がかからず、なんの不都合も生じないような子どもの〝小さな望み〟は、かなえてあげるに限ります。

赤ちゃんの要求はかなえていた!?

赤ちゃんに何かを訴えられると、親は、その要求をほぼ１００％かなえてあげようとしますよね。たとえば、ベビーベッドの中で、手を伸ばしてガラガラを取ろうとすると、それを鳴らされてうるさくなったとしても手に持たせてやります。止まったオルゴールを指させば、「じゃあ、もう一回ね」と言ってスイッチを入れます。決して、「ガラガラなんて持たなくっていいの！」とか「何度も聞かなくっていいの！」なんて言わないものです。赤ちゃんが少しでも「何かをしたい」あるいは「してほしくない」という意思を表すと、親はそのすべての希望をかなえようとするのです。

すべてが自分の思い通りになるそんな時代を過ごして、その赤ちゃんはわがままになっていくでしょうか？　私は、まったく逆だと思っています。そんな毎日を過ごすからこそ、赤ちゃんは心が安定し、その相手（つまり親、特に母親）に対して絶対的な信頼感と愛着（アタッチメントとも言います）をもつようになるのです。

仮に、よく言われるように「わがままはいけない」「我慢が大事」とばかりに、その望みを全然かなえてあげなければどうなるでしょう。赤ちゃんが取ろうとしていたガラガラをわざと遠避けたり、せがまれてもオルゴールのスイッチを入れないでいたりしたら……。おそらく親への信頼感は薄れ、ストレスもたまり、心が不安定な子どもになっていくはずです。

子育てで困ることのひとつが「子どもがすぐにギャーギャー騒いでわがままを言う」ということですよね。でも、その「ギャーギャー」の内容をよく聞いてみると、「もう少し遊びたかった」「本屋の店頭で読みたい本があった」「あのボタンを自分が押したかった」など、決してわがままでも何でもない、大人なら毎日のように思っている、小さな要求ばかりであることが多いものです。

子どもの決してわがままではない望み、かなえてやっても誰の迷惑にもならないような、小さな望みを親がかなえてあげると、親への信頼感はどんどん増していき、心も安定し、行動もうんと落ち着いていきますよ。

これがいつの時代でも変わらない、
子どものお母さんに対する思いです。

18 「怒ったらこわいけど大〜好き」でOK

子どもたちにお母さんのことを聞くと、たいていの子どもはこう言います。

「怒ったらこわ〜い。だけど好き！」

私が子どもだった50年以上前でも、子どもは同じことを言っていたように思います。おそらく100年前の子どもに聞いても、そう答えるのではないでしょうか。時代は変わっても、お母さんに対する子どもの思いというのは全然変わっていないのです。

確かにお母さんは子どもをよく怒ります。

母親講座などを行なうと、「すぐに怒ってしまうのですが……」という質問がよく出ます。でも決まって、すばらしい笑顔で尋ねてこられるのです。

そのときの私の返事はいつもこうです。

「お母さんのそのすばらしい笑顔がある限り、お子さんは大丈夫です。どんどん怒って、どんどんほめてやってください」

子どもは、自分の母親がどんなにやさしく、どんなに自分のことを思ってくれているかを、0歳時代の一年間に学習しています。そしてそのイメージは決定的です。専門用語では「プリンティング」と言われることもあります。文字通り、頭の中にそのイメージが刷り込まれ、少々のことでは決して揺るがないのです。

どんなに怒るお母さんでも、お母さんの本当の姿は、いつも自分のことを思ってくれるやさしいお母さんだということを、子どもは知っています。

子どもにお母さんの似顔絵を描いてもらうと、必ずと言っていいほど、ニコニコ笑顔のかわいいお母さんを描きます。子どもだけが知っているその本当の姿を描いているのです。

怒られても怒られても、子どもはお母さんのことが大好きです。

「怒ったらこわい。だけど、だ〜い好き!」

それでいいのです。

これから100年後も200年後も、変わってほしくない、子どものお母さん像です。

誕生日や母の日には、子どもからすてきなプレゼントをもらうというお母さんもおられることと思います。特にプレゼントはもらっていないというお母さんも、実はすばらしいプレゼントをもらっていますよ。それは子どもの笑顔です。子どもは自分の大好きな人に一番多く笑顔を見せるのです。

ということは、お母さんは子どもの笑顔を世界一多く見ることができている人なのです。

母親は世界一怒ってもいい人!?

世界で一番子どものことを怒っていい人。それはお母さんです。

実際、お母さんはもしかしたら世界一子どものことを怒っているかもしれません。それでいいのです。なぜなら、母親というのは、毎日、よく怒っているかもしれないけれど、子どもが心の中で思わず笑顔になるうれしい関わりを無数にやっているからです。

たとえば、「絵本を読む」「着替えを手伝う」「手をつないで歩く」「子どもがなくしたものを一緒に探す」「熱が出たら介抱する」「今日何が食べたい？　と聞く」「お店で風船を配っていたら一緒に並ぶ」「寝るときに子どもの体をトントンする」……など、本人はまったく無意識でやっているのだけれども、子どもにとってはこの上もなくうれしいことを、お母さんは毎日の中で実に多くやっているものです。回数で言えば、怒った回数の何十倍もやっているはずです。

子どもはそのつど、表情としての笑顔は起こさなかったとしても、心の中では笑顔になっています。母親に限らず、子どもの心の中を笑顔にする関わりをたくさんしている人は、子どもをいくら叱っても子どもに嫌われません。

たとえばお父さん。

一時期、「かみなり親父」や「ガンコ親父」がもてはやされた時期がありましたが、子どもが笑顔になる関わりは普段何もしないのに、怒ることだけは一人前、というような父親はいただけません。子どもに嫌われるだけです。逆に普段、子どもに慕われる関わりをたくさんしている父親、子どもをすぐに笑顔にする父親は、少々怖く怒っても大丈夫どころか子どもはかえって言うことをよく聞いてくれるようになります。

母親というのは、昔も今も、子どもが喜ぶ関わりを世界一たくさんしている人です。

だから世界一子どもを怒っていいのです。世界一怒る人であっても、子どもはお母さんが世界で一番大好きです。

楽しくしつけができるようになる！章

あぶない!
がおー
ダメッ!
危ないでしょ!
パチン!
ハサミはとっても危ないのよ
はい、ちょうだい
はーい
しつけは《叱ること》ではなく《伝えること》。
だからしつけは0歳から可能です。
叱るだけのしつけは、しつけではなくただ怒っただけ。
子どもには何も伝わりません。
詳しくは本文で

19 〝しつけ〟は叱ることではなく伝えること

母親の育児の悩みのトップは、今も昔も「しつけ」についてです。

「しつけはいつごろから始めれば……」「どうやってしつければ……」、困ってしまいますよね。最近は、「しつけは家庭で」などと言われるようにもなり、お母さん方はますます「しつけ」が気になっているようです。

「しつけ」を単に「子どもを叱っていくこと」と考えるのはよくありません。子どもに虐待を加える親が、よく「しつけのためにやった」と言うことがありますが、しつけを「叱ること」と思っていると、そこまでエスカレートしてしまうことがあるので注意が必要です。

私は、「しつけ」をひとことで言うならば、「教えること」「伝えること」だと思っています。

先日、比較的すいているバスの車内で4歳くらいの男の子がなかなか席を決めないで通路を行ったり来たりしていました。するとお母さんは「もうっ！　何してるの！　邪魔でしょ！」と言って、子どもの腕を引っ張って座席に座らせました。一見、人迷惑な子どもを叱り、いかにもきちんと子どもをしつける親のように見えます。でも、これはしつけではありません。ただ怒っただけ、文句を言っただけ、です。

一方、そういうとき、「そこにいたら、みんなの邪魔になるよ。早く座りなさい」と、穏やかに言う親もいます。私はこれこそがしつけ上手な親の姿だと思っています。その短い言葉の中に、しつけのすべてが入っています。

しかし、世間はともすれば、そんなふうに子どもにやさしく言う親を甘い親と呼び、前者のようにして、ただ怒っただけでも「しつけ上手な親」と呼ぶ傾向があります。

今は亡き漫画家の手塚治虫さんと俳優の愛川欽也さんは、かつてトーク番組の中で「私は母に叱られたことは一度もない」と、異口同音におっしゃっていました。それはウソだと言う方もおられるかもしれませんが、私は本当だと思います。叱られはしなかったけれど、「してはいけないこと」や「よくないこと」などをきっとそのつどやさしく教えられていたのです。叱られはしなかっただけで、しつけはきちんとなされていた、というわけです。

子どもは厳しい口調で叱るよりも、普通の言い方で教え、ごく普通に伝えてあげたほうが、言われたことが理解でき、言うことをよくききます。さっきのバスの場合でも、結局その通りの行動をとれたのは、「何してるの！」ときつい言い方で叱られた子どもではなく、「みんなの邪魔になるよ、早く座りなさい」とごく普通の言い方で言われた子どもです。

子どもがしてしまう「叱られること」のほとんどは、故意ではなく、いわば過失からくるものです。生まれてまだ数年であるがゆえ、経験と知識が絶対的に不足しているのです。知らなかっただけであることがほとんどです。叱りたくなったときがしつけどきです。その機会に教えてあげればいいのです。さっきのように、「邪魔になるから」と、短くその理由を添えると、子どもも納得して動いてくれます。体罰は必要ありません。家庭でも学校でも会社でも、「いいしつけ」は、むしろ笑顔の中で行われることが多いのです。

しつけは0歳から

「しつけは何歳くらいからしたらいいのでしょうか」と聞かれたら、私は「はい、それは0歳からです」と答えています。

「えっ、そんなに早く？」と思われるかもしれません。でも、しつけは0歳から始めるのがいいのです。なぜなら、さっきも言ったように、しつけは「怒ること」や「叱ること」ではなく、「伝える」ことだからです。

たとえば赤ちゃんが、お母さんの髪の毛を引っ張ってばかりいたとします。それをやめさせたいとき、しつけを「怒ること」と思っている人は、手をパチンとたたいて怖い顔で「ダメでしょ！」と言うかもしれません。でもそれは、しつけではなく、ただ怒っただけです。子どもに「この人、こわ～い」と思わせただけです。でも、だからといって何も言わないのもよくないと思います。

さきほども言ったように、叱りたいときが教えどき。手をたたいたりせず、「痛いから離してね」と言うだけでいいのです。それでもう立派なしつけの第一歩になっています。

それでもう二度としなくなる、にはもちろんなりません。でも、いいのです。しつけは「すぐに改めさせること」ではないからです。「それがいけないことと伝える」ができた時点で、しつけです。あとはそれを繰り返せばいいだけです。そこを面倒がる人が多いようです。

子どもが公共の場で騒いだとき、「ここで騒いだらダメ」「静かにしようね」とそのつど教えるお母さんは、もう立派な「しつけ上手な母親」。何も言わない人、怒鳴ったりたたいたりするだけの人は、「しつけが下手な親」「ただ文句を言っただけの親」。

何度でも言わせてください。しつけとは「教えること」「伝えること」。だからしつけは0歳から始めるといいのです。

どこに上がっているの！

つくえ…

何時だと思っているの！

0時…

どうして片付けないの！

めんどうだから…

「どこに…」、「どうして…」、「だれが…」、などの疑問文を使った叱り方は、子どもには単なる質問のように聞こえ、何を叱られているのかが分かりません。

詳しくは本文で

20 1ほめて1叱ろう

「子どもは10ほめて1叱ろう」とよく言われます。でも叱った10倍ほめるのは大変です。そうしようと思えば、「ダメでしょ！」と、ちょっと叱ったあとに10個もほめるところを探さないといけないのです。

私は、その比率を10対1ではなく、とりあえず1対1を目指すことから始めればいいと思っています。「それならできそう」と思われるでしょうか。ところがどっこい、これでもまだ難しいのです。

その割合が1対1でよかったとしても、たとえば「早くしなさい！」と叱るたびに、何かひとつほめないといけないのです。子どもに「早く…！」というお小言は、一般的な母親で1日平均30回言ってしまうことは先に言った通りですが、その「早く！」をカバーするだけでも、1日30回ほめなければならないのです。

そのほかのお小言や叱りことばも、同じ数のほめことばでカバーしようと思えば、中にはもう1日100回以上ほめないといけないお母さんもいるかもしれません。

でも、その割合が1対1でいいのなら、簡単に達成できる方法があります。叱った数だけほめようと思わず、その逆、つまりほめた数だけ叱ろうと思うのです。

1回ほめたら堂々と1回叱るわけです。ほめていない限り、叱ってはいけません。子どもをたくさん叱りたい人は、たくさんほめる、というわけです。あくまでほめるのが先で、叱るのが後、です。

それをルールにすれば、子どもをほめることに慣れていないような人は、自動的に叱る機会もうんと減るはずです。叱りたい。だからほめる。たくさん叱りたい。だからたくさんほめる……。

それを繰り返すと、必ずほめる回数が増え、叱る回数が減っています。割合は1対1どころか、いつの間にかほめことばのほうが多くなっているかもしれません。何より、子どもがずいぶん変わってくるはずです。ぜひ一度お試しください。

子どもの上手な叱り方

「叱る」と「ほめる」の割合は1対1で、と言いましたが、ここで効果のある叱り方というものをご紹介したいと思います。ポイントは3つ、「5Wの疑問形を使わない」、「してほしいことを言う」、「繰り返し伝える」です。

まずは、「5Wの疑問形を使わない」ということ。

「誰が」「いつ」「どこで」「何を」「どうして」の5つの疑問形は、英語で書くと「WHAT」「WHEN」といったふうに、すべて頭にWが付き、「5W」と呼ばれます。

子どもを叱りたいとき、大人はすぐにその5つの疑問形を使います。保育園や幼稚園でも先生は言います。「おしゃべりは誰かな」「いつまでしゃべってるの」「どこに上がってるの」「何してるの」「どうしてそんなことをするの」と。

ご家庭でも、意識してみると、「いつまで起きているの！」「どこに捨ててるの！」と疑問形を使って叱ることが多いことに気づくはずです。

子どもにとってはすべて単なる質問にしか聞こえず、「おしゃべりは誰かな？」と言われたら「〇〇ちゃん」と答える子どももいます。言葉を言葉通りにしか受け取れない子どもは、「先生はしゃべっている子どもを知りたいのだな」と思うのです。先生はさっきの言葉はすべて、「そんなことはしないでね」と言いたかったのですがその本心は何も伝わっていないのです。

ではどう言えばよかったのかと言うと2番目のポイント、「してほしいことを言う」です。

たとえば「おしゃべりは誰？」は、「今はしゃべりません」。「どこに上がっているの！」は「降りなさい」。「何しているの！」は「やめなさい」と、「(自分が）してほしいこと」をそのままストレートに言えばいいのです。すると子どもも「(自分が）すべきこと」がよくわかり、その通りのことをしてくれる、というわけです。

3番目のポイントが「繰り返し伝える」です。子どもに「何度いったらわかるの」と言っているお母さんがよくいますが、子どもは2度や3度ではわかってくれません。大人でも、たとえばパソコン教室の先生は、初心者には5回目の授業でも電源の場所から言わないといけないそうです。でも「何度言ったらわかるんですか！」などとは言わないで、その都度優しく教えてくれます。初めてテニス教室に行ったときは、私はラケットの持ち方を10回ほど教えてもらってやっとできました。それも、一度も叱られなかったからできるようになったのだと思います。大人でもそうなのです。相手はまだまだ人生経験の少ない子ども。繰り返し言われてこそ、やっとひとつのことができるのです。

さあ、今日から子どもを叱りたくなったときは、「疑問形で言わない」「すべきことを言う」「繰り返し伝える」の3つを意識してみてください。きのうまでとは、まったく違った反応を見せてくれますよ。

小さな子どもは「順番に並ぶ」という意味がよくわかっていません。それをわかってもらうためのいい方法があります。
それは……。

詳しくは本文で

21 〝ルール〟の学ばせ方

先日、とある交差点で、赤信号なのに渡ろうとする親子がいました。6歳くらいの女の子が「お母さん、赤よ、赤！」と言いましたが、お母さんは無言で子どもの手を引いてそのまま渡ってしまいました。

ルールやマナーといったことが問題になるとき、「小さいうちからルールやマナーを守らせて……」という結論に落ち着くことが多いものです。でも私は、あらゆる世代で最もルールやマナーを守っているのが、小さな子どもだと思っています。

信号が赤なのに平気で渡る小学一年生なんて見たことがありません。「ルールは守るもの」と思っているからです。幼稚園や保育園でも「ひとりひとつずつ」と言われれば、ふたつほしくても、みんなルールを守り、ひとつだけ取ります。ふたつ取る子どもはまずいません。

一方、大人はどうでしょう。赤信号でも渡る人が多くいます。ひとりひとつと決められていても、平気で3つ4つ取っていく人もいます。

そういう人たちは小さいころ、平気でルールを破る子どもだったのでしょうか。ルールを守る大切さを教えられなかったのでしょうか？　違うと思います。小さいころはみんな、きちんと赤信号で待ち、ひとりひとつと言われたものは、ちゃんとひとつだけ取っていく子どもだったのです。

では、どうしてそんな大人になってしまったのでしょうか。

人は誰でも子ども時代に、ルールやマナーは、守るべきものと大人から教わります。子どもは教えられたものは案外、素直に守ります。だから、赤信号では絶対に渡らないのです。教わったときは、当然大人も守っているものと思っています。ところが7歳、8歳と大きくなるにつれ、わかってきます。

「なーんだ、大人が守っていないじゃないか」

「あれ？　あの人、守っていないのに、誰も何も言わない」

子どもは、その違反行為が誰からも非難されないとき、それは認められているものと

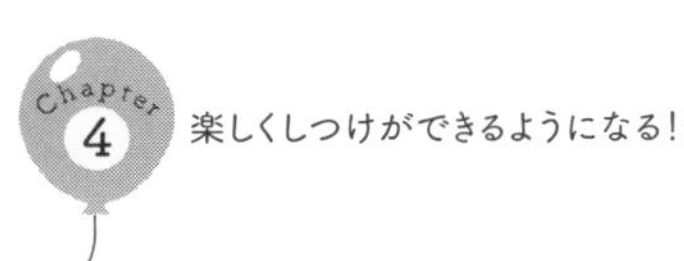

みなすところがあります。ゴミのポイ捨て、行列への割り込み、信号無視……。「いけないこと」と教えられたことを、平気で行う人がいて、しかもそれがまわりの誰からもとがめられないのを見て、この世のルールやマナーなどは必ずしも守らなくていいのだなと思い始めるのです。

ルールやマナーの教育は、もう十分に守っている小さな子どもたちにさらに徹底させるのではなく、もう少し上の、具体的には7〜10歳くらいの「ルールって守るべきなの？必ずしも守らなくてもいいの？」と揺れている世代に、後者の大人もいるが正解は前者であるということをしっかりと教え直すことが大切だと思います。

親に連れられて赤信号で渡ってしまったあの女の子が、将来どっちの人間になるかが気になります。

「ジュンバン」の教え方

「順番に並ぶ」というのは、人間社会では大切なルールですよね。でも、それが一番苦手なのが2〜3歳の子どもです。保育園でも、たとえば跳び箱で遊んでいるとき、お兄ちゃんたちが順番に並んで待っているのに、堂々と一番前に行くのは決まって2～3歳の子どもたち。そして跳び箱から降りると、当然のようにまた一番前に行きます。公園などでも、その年齢くらいの子どもを連れたお母さんは、「順番よ！」「ダメでしょ！並ばないと」などと子どもによく言っています。

でも、小さな子どもが順番を守れないのは、別に悪気があるわけでもなければ、家庭のしつけが悪いせいでもありません。だから、そこで叱ったとしても一番後ろに並び直したりはしません。

口では「ジュンバンジュンバン」と言いながら、一番前に行くときもあります。その年齢の子どもは「順番に並ぶ」という意味がわかっていないのです。

小さな子どもに「順番」の意味を教える方法があります。

たとえば公園のすべり台に並んでいるときには、「順場に並ぼうね」などと言いながら、親子一緒に最後尾に行きます。待っている間も「順番ね～」などと言いながら、楽しげに待ちます。すると次第に前のほうに進みます。そして自分の番がきたときに、「ほら、次は○○ちゃんの番ですよ～」と言う……それを繰り返せばいいのです。

小さな子どもは、並んでいる列を、単に「人が大勢集まっている」くらいにしか思っておらず、何も考えないで一番前に行ってしまうのです。まさか、その列の一番後ろに立つだけで自然に一番前になり、自分の番がやってくる、とは思いもしていなかったのです。

最後尾に立つだけで必ず自分の番がやってくる……それを何度も経験し、「並ぶ」ことに対する信頼感と安心感をもつと、子どもは並べるようになっていきます。安心して一番うしろにつきます。

最初は親子で一緒に楽しげに並ぶ……ここがポイントです。遠くから「これっ!」と言うだけだったり、「順番!」「並びなさい!」と指示するだけだったりしたときに比べ、よっぽど早く「順番に並ぶ」ことを覚えていきますよ。

あっ…
さて問題です、いまのおじさんは何かを間違えました
さてそれは何でしょう
んーとねー
赤信号なのに渡っちゃった！
ピンポーン！大正解！
子どもの目の前でルールを守らない大人がいた時は、こんな風にクイズ形式で子どもに尋ねると、楽しく"よいしつけ"ができますよ。

詳しくは本文で

22 しつけはクイズ形式で

社会の基本的なルールやマナーを守らないのは、子どもではなく、案外大人に多い、ということを前項で申し上げましたが、実際、子どもと街を歩いていると、ちょっとしたルールやマナーが守れていない大人とよく出会います。普段はそれほど気にならないのに、子どもと一緒のときは、「子どもに見せたくないなあ」と思う気持ちが働き、よけい目につくのかもしれません。

でもそういうときは、逆にそれを「子どもとの楽しいふれ合いタイム」にする方法があります。どうするかといえばクイズです。子どもと〝クイズ大会〟を開くのです。

たとえば信号待ちの交差点で、赤信号なのに子どもの目の前で渡ってしまった人がいたとします。そのときに突然、クイズを子どもに出すのです。

「さて、問題です。今〝間違えてしまった人〟がいました。何を間違えたでしょう」

するとと子どもは得意げに答えます。

「信号が赤なのに渡ってたー」

「ピンポーン。大正解！　10ポイント差し上げます」

子どもは「ヤッター」と大喜びします。

「10ポイント」に特に意味はありませんが、子どもはその言葉に喜びます。

子どもの目の前でポイッとゴミを捨てた人がいたとします。そんなときもクイズ大会の絶好のチャンスです。

「さて問題です。ゴミは、本当はどこに捨てないといけないでしょうか」

「ゴミ箱！」

「大正解！　よくわかったねえ」

「だって知っているもん！」

子どもは、自分が正解を言えるクイズを出してもらうのが大好きです。答えられるたびに自分に自信がつきます。

こんなとき、いけないのは「あの人ダメねえ」と言ったり（大人への信頼感を失います）、「○○ちゃんは絶対にやっちゃダメよ！」と子どもの説教の場にしたりすることです。

ここで改めてしつけをしなくても、子どもはもう知っているのです。知っているからこそそのクイズに答えられます。答えたがります。もし答えられなかったならば、そこでまた教えてあげればいいのです。

親の関わり方ひとつで、何でも親子の笑顔のもとになっていくということは他の章でもお伝えしましたが、こんなものまでが親子の〝笑顔タイム〟になるのです。

日常の中にクイズを

子どもはとにかくクイズが大好きです。どんなものでもクイズ形式にすると飛びついてきます。たとえば、突然片手に小さなものを握って隠し、そのまま両手を差し出して「ど～っちだ？」でもOK。子どもはどっちの手に入っているか、喜んで当てようとします。

机の上に鉛筆や消しゴムなどでもいいので3つ4つ並べて覚えさせ、5秒ほど目をつぶらせている間に、ひとつを隠して「はい、何がなくなったでしょう？」とクイズ形式でやるのも、子どもは喜びます。慣れてきたら並べるのを5つ6つと増やすといいでしょう。

子どもがナゾナゾを好きなのは、子どもにとってナゾナゾは立派なクイズだからです。

「カメの背中にある飲み物はなんでしょう？」

「コーラ！」

「パンはパンでも食べられないパンは？」

「フライパン！」

どんなにポピュラーなナゾナゾでも、子どもは喜んで答えてくれます。

ただ、子どもとクイズをするときは、気をつけてほしいことがあります。

それは、「子どもが答えられるものを出題する」ということです。

クイズを出されたとき、大人はじっくり考えたり、正解がわからなかったりすることを楽しんだりできますが、子どもは「正解を言えた！」という喜びを味わいたいのです。

特に3歳から6歳の間は、それが味わえないと、すぐに「やめた」となります。そのため子どもは、ナゾナゾでも、今、答えを聞いたその問題を、もう一度要求することがあります。大人なら、答えを知っている問題をもう一度出すと、「さっき答えを教えてもらったじゃん！」となりますが、子どもはとにかく「答えを言えた！」という満足感を味わいたいので喜んで答えます。

さっきの、どちらの手に入っているのかを当てるクイズも、並べたものをひとつ隠すクイズも、子どもが正解を言えるように調整していくのが、楽しくなるポイントです。子どもはどんな遊びでも、その中で満足感を味わいたいです。たっぷりと味わえば味わうほど、自分への自信にもつながっていきます。

普段よく怒ってしまうママは、リラックスできる湯舟の中で、突然でもいいので、ママの本心を言うと安心し、嬉しくなってきますよ。

詳しくは本文で

23 〝本心〟を伝えよう

「子どもを怒りすぎ」で悩んでいるお母さんは案外多いものです。でも、怒らない母親なんていないのです。

毎日どんなにガミガミ言ったとしても、お母さんの心の中は、子どもへの愛情で満ち溢れています。顔は怒っていたとしても、お母さんの心の中は子どもへの温かいまなざしでいっぱいです。お母さんは世界一、わが子を愛している人なのです。

でも、本当の気持ちというのは、言葉で伝えないとなかなか伝わらないものです。

私たち日本人は、「あなたが好き」「愛している」という気持ちを言葉で伝えるのは苦手です。そのことばを口にするのは、たとえ相手がわが子でも、なんだか恥ずかしいですよね。

お母さんの子どもへの愛情を言葉で伝えるいい方法があります。お風呂で話すのです。子どもとふたりで仲よく湯船に浸かっているとき、唐突にこう切り出すのです。

「お母さん、○○ちゃんのこと、よく怒るでしょ？」

「それはね、お母さんは○○ちゃんのことが大好きだからなの」

「○○ちゃんのことが大好きで、いい子になってほしいから怒るの」

「お母さんは、よその子どもは怒らないでしょ？」

「それはね、よその子より○○ちゃんのことが好きだから」

「○○ちゃんは大好きだからいつも怒っちゃうの。ごめんね」

もちろんこの通りでなくても構いません。お母さんはあなたを大好き、好きだからこそ怒る、いい子になってほしいから怒るということを伝えるのです。

湯船の中というのは、子どもも親も気持ちがゆったりとするところです。特に意識しなくても自然にやさしい口調で言えます。ホントのことを言っているだけなので、その言葉にはウソはなく、説得力もあります。子どもは、たとえ毎日怒られても、お母さんを大好きなのに、改まってそんなふうに言われるとうれしいやら恥ずかしいやら、何とも言えない表情をします。そしてますますお母さんを好きになります。

「お母さんがいつも怒るのは、僕（私）が好きじゃないからだ。そして僕（私）が悪い子だから怒るんだ……」。真剣にそう思っている子どももいます。真実はその正反対なのに、子どもにそんなふうに思われるなんて、実にもったいない話です。

今晩、子どもと一緒にお風呂に入るとき、さっそく試してみてください。なんとも言えないいいい顔をしますよ。

子どもはいつでも「お母さん大好き！」

子どもがどんなにいたずらっ子であっても、どんなに毎日叱っていても、お母さんの本心は「わが子が大好き！」であるように、子どもの本心もいつも「お母さん大好き！」です。

子どもを叱ったり言い合いをしたりしたとき、子どもはよくこう言います。

「お母さんなんか大キライ！」

お母さんというのは、相手が夫であれ、子どもであれ、友人であれ、自分を否定する言葉にはとても敏感なようです。カチンときます。相手が子どもであっても、そういう言葉を言われたとき、「まあ、そうだったの」と冷静になれないようです。子どもにそう言われたとき、売りことばに買いことばのように、「お母さんもあなたなんかキライ！」と言い返してしまうこともあるようです。すると子どもはどうなるか。「うあああん」と、もっと激しく泣いたり、もっと激しく暴れたりするのです。

「お母さんなんかキライ！」と言ったとき、確かにそれは、その瞬間の子どもの気持ちでしょう。でも、真剣に受け取る必要はまったくないのです。その言葉をていねいに言うと「（いつもは好きだけど今の）お母さんはキライ！」と言葉を省いて言っているだけだからです。

そんなときでも、根本は「お母さん大好き！」という気持ちに支配されているのに、お母さんから「（あなたなんか）お母さんもキライ！」なんて言われると、子どもはその言葉にひどく傷つきます。だから激しく泣くのです。厳密に言うと、お母さんもその中には「いつもは好きだけど」という言葉が隠されているはずですが、子どもにわかるわけがありません。子どもは言葉通りに受け取ります。「全面的に嫌われた」と思ってしまうのです。

子どもの本心は、どんなことがあっても、どんなときでも「お母さん大好き！」です。

「お母さんなんかキライ！」と言われたときは、「また心にもないことを言って」と思い、「はいはいそうですか」と笑ってすませてほしいと思います。

お母さんにいかなる悪態をつこうとも、子どもはそのつど、早くて10秒後、遅くとも数分後には、「お母さん大好き！」状態に必ず戻っているのですから。

近年〝命の教育〟が盛んですが、子どもは命の大切さは十分にわかっています。命の教育をしないといけないのは、大人のほうかもしれません。

詳しくは本文で

24 「命の教育」は子どもが先生!?

「命の教育」という言葉があります。「子どもたちに命の大切さを伝えよう」「命を粗末にしないよう教えよう」という趣旨の教育です。最近では「小学校からでは遅い。幼稚園や保育園時代から徹底して……」という考え方も出てきています。

基本的には私も賛成ですが、あまり神経質にならない方がいいように思います。「命の教育」を、幼いころから徹底させようとすると、たとえば小さな子どもがアリを踏みつぶすことも気になり、その子どもが1歳であろうと2歳であろうと、きつく叱ってでもやめさせようとしたりすることもあります。また、飼っているカブトムシをすぐに触ったり砂をかけたりする子どもは「カブトムシの命を大切にしない子ども」のように思われたり、カマキリが小虫を食べる様子をじっと（ときには楽しそうに）ながめているだけでも「命を軽視する残酷な子ども」と思われたりするようになり、そういった行為を「絶対にしてはいけないこと」と教えようとする場合も考えられます。

でも、それらの行為は典型的な幼児の特徴とも言え、命の不思議さを感じるからこその行為であることも多いのです。小さいころのそうした経験を経て、逆に命の大切さというものに気づいていくと言ってもいいでしょう。「命の教育」を徹底させようとすれば、子どもからそういう機会をいたずらに奪っていくことも考えられます。

クラスでカブトムシを飼っていたある夏の日のこと。やたら角を持ったり背中に小石を乗せたり、それこそそのカブトムシの死期を早めるかのような行為を毎日のようにしていた男の子がいました。それで彼は、カブトムシと遊ぶときは、他の先生からはいつも叱られていました。動物の命を粗末にする子どものように思われていたのです。そんな彼がある日、私がカブトムシをケースに戻そうとしたとき、「あっ、待って!」と叫びました。どうやら私はカブトムシの足を挟んだまま、フタを閉めてしまったらしいのです。その男の子は当然のことのようにしてやさしく足を入れ直し、再びフタを閉めました。カブトムシと毎日遊んでいるからこそ芽生えたカブトムシに対する思いやりです。彼はカブトムシをいじめるどころか、カブトムシに対する愛情を深め、まさに「命の大切さ」がわかる子どもになっていたのです。

私は、命を大切にする心は、子どもは大人よりもずっと持っているように思えてなりません。たとえば、たくさん飼っていた昆虫や金魚が次々に死んでいったとします。大人なら紙に包んでそのままゴミ箱にポイ、となることも多いはずです。ところが、子どもは「土に埋めてお墓をつくらなくちゃ」と言います。命をゴミ箱にポイ、なんて考えられないのです。命の尊さ、大切さを子どもはちゃーんとわかっているのです。

道端で車にひかれ、瀕死のネコが横たわっていたとすると、それをかわいそうにと思ったり、なんとか助けてやりたいと思うのも子どもです。大人は助けるどころか関心すら寄せないことが多いものです。子どもは、大人のほうこそ、よほど命というものを軽視し、大切にしていないと思っているのではないでしょうか。「命の教育」は、「幼児のうちに」ではなく、私たち大人にこそしなければならないのかもしれません。

小さな生き物で「命の教育」

「命の教育」をしようと思ったら、何かペットを飼うのもいいかもしれません。ペットと言えば犬や猫です。実際、子どもに「ワンちゃん飼って〜」「ネコを飼おうよ〜」とおねだりされているご家庭も多いことと思います。

でも、子どもはそれらを飼うことがどんなに大変かわかっていないことが多いもの。「飼おうよ」ではなく「買おうよ」と言っただけのつもりであることも多く、飼ったあとは全然責任をもってくれません。ごはんの用意からうんちのお世話まで、すべてお母さんまかせになるのが関の山です。飼うときは慎重に考えたいものです。

ペットを飼う入門としてお勧めしたいのが、金魚やメダカといった小さな生き物です。子どもは大好きだし、それらも立派な「命ある生き物」です。また子どもは、年齢が小さいほど、カエルやザリガニにさえ感情移入できるやさしさをもっています。たった1日で愛着が湧き、名前までつけたがります。毎日その動きを飽きずに観察し、大切にしようという気持ちが芽生えます。まさに「命の教育」ができるのです。

夏には、カブトムシやクワガタムシなどの昆虫を飼うのもいいかもしれません。いずれも犬や猫と違い、何年も生きていないので、いろいろな意味で飼いやすいのです。

ただひとつ残念ことがあります。それは、それらの小さな生き物はお母さん方が苦手なものが多いということ。

でも、不思議なことに、子どもと一緒に毎日眺めているうちに平気になってくるどころか、お母さんまでが愛情をもつようになり、すすんでその世話をするようになるということが多くなってくるのです。小さな生き物に対する苦手意識を取り除くいい機会にもなるかもしれませんよ。

もしも死んでしまったら、ぜひ子どもと一緒に土に埋めてやってください。命あるものと生活を共にした者にしか生じ得ない、またひとつのやさしさが、子どもの中にきっと宿っていきますよ。

ホンワカと幸せな気持ちになれる！章

お子さんのかわいいところを3つお願いします
ひとつ！顔がかわいいです
2つめは？
声がかわいいです
パパー 買ってえ!!
3つめは？
仕草がかわいいです

子どもの顔、声、しぐさって本当にかわいいですよね。
子育て真っ最中の方は、今のうちにた〜くさん味わってくださいね。

詳しくは本文で

25 子どもは親が笑顔になれることを毎日している

敬老の日が来るたびに思い出すことがあります。

その日の朝、保育園に通う当時4歳の長女が、「えっ、どうして今日は保育園に行かなくっていいの？」と、聞いてきました。難しく言ってもわからないだろうと思った私は、「今日はね、おじいちゃん、おばあちゃんの日でね。そうだ、子どもの日ってあるよね……」と言いかけたとき、娘が「ああ、今日はケーローの日？」と言いました。

私は、あまりのおかしさに思わず笑ってしまいました。どうやら保育園の先生に教えてもらっていたようです。

そのあと、娘と朝風呂に入ったのですが、新しいシャンプーのふたがとても固く、私が開けにくそうにしていると、娘が言いました。「貸してみ、開けたろ！」。おかしくって、私はこれも声を出して笑いました。

家に小さな子どもがひとりでもいると、思わず笑ってしまうようなおもしろいこと、楽しい出来事が次々と起こります。ところがそのとき、笑うどころか、それで腹を立てる親もいます。

たとえば、さっきのような場合でも、「(敬老の日を) 知っているなら聞かないで!」と言ったり、「(4歳の) お前に開けられるわけないだろ!」と言って怒ったり。

日本中を見渡せば、毎日100回笑い合っている親子もいれば、100回怒り怒られ、という親子もいます。

子どもを怒ってばかりいる親の様子をよ~く見ていると、子どもの実にほほえましい、かわいらしい言動にもいちいち腹を立て、怒っているようです。

先日も駅のホームで、歩みを止めて去り行く電車にただ手を振っていただけで、「もう! 早く!」と小さな男の子が怒られていたし、前を歩くお母さんの後ろをゆっくり歩いていた女の子は、ただ歩いていただけで、「何してんの! 早く!」と怒られていました。

でも、それと同じことをしたとき、その様子に目を細めて見ている親もいます。その

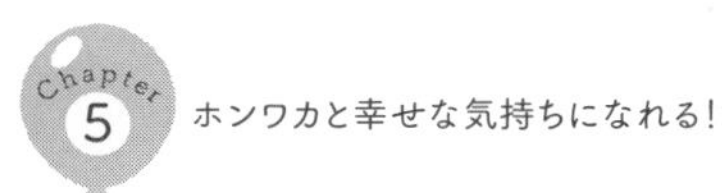

親は、わが子が電車に手を振るその様子や、一生懸命に自分の後ろをついてくる様子に、何とも言えないかわいらしさを感じ取っているのです。

子どもは誰も皆、親を笑顔にするようなかわいらしいこと、声を出して笑ってしまうほどおもしろいことを、今日もたくさんしています。きのう叱ってしまったあのことも、実は笑顔になれたことだったかもしれないのです。

しんどかったはずの子育ての日々が、実は、もう一度経験したくなるほどの楽しい毎日だったことに、子育てが終わってから気づいた、というのはよく聞く話です。

今、子育て真っ最中の方は、まさに今がその時です。子どもは、親を元気にしてくれることを今日もたくさんやっています。そのかわいらしさを今、十分に味わってほしいと思います。あとで気づくなんてもったいないですよ。

子どもの〝3つのかわいらしさ〟

私の娘が保育園に通っていたころの話です。迎えに行ったある日、先生から突然聞かれました。「娘さんのかわいいところはどこですか? 3つ教えてください」。どうやらその翌日に誕生会があり、親に事前にそれを聞き、当日みんなの前で発表するようでした。

私は答えました。「3つですか。まずひとつ。顔がかわいいです」。そこで先生はプッと吹き出しましたが、気にせず続けました。「ふたつめ。声がかわいいです」。先生はニコニコしながらメモを取っていました。「3つ目。言うこととすることがかわいいです」。「はーい、わかりました。ありがとうございました」。先生は笑顔で去って行きました。

誰でもわが子って、顔がかわいいですよね。保育参観に行けばよくわかります。他の子どもは、み〜んな「ふつうの顔」をしているのに、わが子だけは輝くほどかわいい顔をしています。

そしてまた、かわいいのがその声です。幼児期独特のあのかわいい声は、今だけのもの。5年後10年後ではもう味わえなくなります。まだの方は今すぐその声をボイスレコーダーに入れて永遠保存にしてほしいと思います。

子どもが言うことやすることはすべてかわいいのです。私の娘はもう大学生になっていますが、家族で撮った昔のビデオの中に彼女が出てくると、どんな場面でも必ずおもしろいことをしたり言ったりしている場面があり、そのかわいらしさとおもしろさで、見るたびに家族中で大笑いしています。

どんな子どもも、その顔、その声、その言葉、しぐさはとてもかわいいものです。そこにいてくれるだけで、どの親も毎日笑顔になれる……はずなのに、そのかわいらしさが当たり前すぎて、気づいていない人もいるようです。子育てをしていても、毎日笑顔でなんていられない、という人は、今一度、お子さんのそのかわいい顔、かわいい声、かわいいしぐさを、見つめてほしいと思います。

自分にお子さんがいるのに、よその子どもや通りすがりの赤ちゃんを見て、「うわあ、かわいい」と笑顔になる人がいますが、実にもったいないなと思います。だってもっともっと笑顔になれるかわいい子どもが一番身近なところにいるのだから……。

お子さんが
小学生のころの
お悩みは？
え～、
おもいだせない
幼稚園の
ころは何で
困って
いましたか？
え～、
忘れちゃった
赤ちゃん時代の
悩みは
何でしたか？
え～、
何か
あったっけ？
子育ての悩みは、それぞれの時期に無数にあったはずなのに、時間が経つと何に困っていたのかさえ、忘れちゃうようです。ということは……。
詳しくは本文で

26 悩みは勝手に消えていく!?

子育てに悩みはつきません。お子さんがいらっしゃるご家庭なら、親として困っていることや悩んでいることが、きっといくつもあることと思います。

私は普段、お母さん方からいろいろな悩みの相談をお受けしていますが、その中で本当に深刻な悩みは意外と少なく、何も気にする必要がないものがほとんどとさえ思っています。

そんなふうに言ってしまっては、子どものことで真剣に悩んでおられるお母さん方に失礼かもしれませんね。でも、たとえば「昨年の今ごろは子どもの何に悩んでいましたか？」と聞くと、ほとんどの人が答えられないでいます。きっといくつもあったはずなのに、思い出せないのです。忘れてしまっているのです。

どうして忘れているかと言えば、その悩みからはもう解放された、つまり、目の前から消えてしまったからです。

消えた理由はふたつ、「子どもの成長とともに勝手に消えた」、「根本は解消されていないが、気にならなくなった」かのどちらかです。

子育ての悩み相談コーナーなどで専門家の答えを見ても、最後にはたいてい、こう書かれています。「子どもはそんなもの」「もう少し様子を見ましょう」「気にしなくていいですよ」。先輩ママに相談しても同じことを言われるはずです。そうです。まさにそれが子どもです。気にしなくていいのです。もう少し様子を見ていればいいのです。

お母さん方が陥ってしまいがちなのは、ひとつの悩みが解決すると、その悩みがから解放されたことを喜ぶ間もなく、次の不安や気になることを探し、どんどん新しい悩みをつくっていく、ということです。これは、お父さんにはあまりない特徴です。

これでは永遠に悩みを抱えてしまいます。心がいくつあっても足りません。今、抱えている悩みも、きっとそのほとんどは遅くとも来年の今ごろにはすっかり解決しています。何で悩んでいたかさえ思い出せない状態になっています。どうせ解決するのなら、今、悩むだけ損というものです。

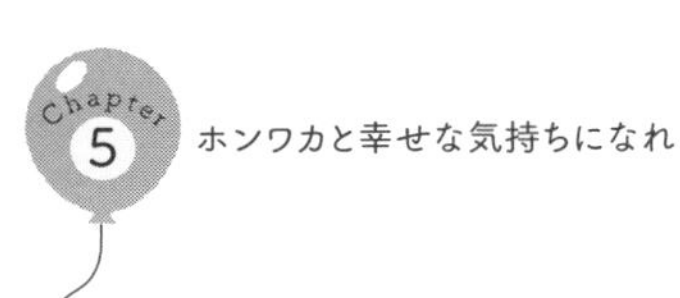

子ども時代の幸せの尺度

子どもは、そこに家族の笑顔があり、自分も笑顔になることさえできれば、大げさに言えば、他になんにもいらない、とさえ思っているように私は思います。それさえ保証されていれば、家なんて小さくてもOK、食べるものもなんでもいいと、きっと思っています。

私がそうだったからです。

子ども時代、貧乏だったわが家は70年代に入るまで、3畳ふた間と台所1畳の狭い家に、家族5人で暮らしていました。トイレも風呂も、なにもなかったので、夜中に近くの共同トイレに行くときは親について行ってもらい、風呂は毎日銭湯です。洗濯は金ダライと洗濯板で母が毎日ゴシゴシやっていたことを今でも覚えています。誕生会なんていうのは、「友達に呼んでもらうもの」と思っていて、わが家主催でこんな狭い家で自分の誕生会をすることなんて思いもつきませんでした。

しかし、私はあんなに楽しい子ども時代はなかったと今でも思っています。「何不自由なく過ごした」という印象すらもっているのです。

それはどうしてなのかを考えてみましたが、強いて心あたりがあるとすれば、家の中にはいつも家族の笑いがあったから、ということだけ。毎日が本当に楽しかったのです。私たちから見ると、戦中、戦後の、まさに日本が不幸のどん底であったはずの時代に子ども時代を過ごした人でさえ、「子ども時代は楽しかった」と言っていることがよくあります。中には、今の子どものほうがよほど不幸であるかのように言う人もいます。

人の子ども時代の幸せを測る尺度があるとすれば、それは、子ども時代にその人が何回家族から笑顔をもらったか、子ども時代に何回家族が笑っていたか、だと私には思えてなりません。実際の幸せ度はどうだったかは別として、自分の子ども時代の方が（今の子どもたちよりも）良かったという人は、きっと「笑顔になった回数だけは今の子どもたちに負けない」と言っているのだと思います。

イエイ！

子育てって本当に大変ですよね。でも、子育てが終わった皆さんが「楽しかった〜」と言うのはその中でたくさん笑ったからかもしれません。

詳しくは本文で

27 〝大変〟の中の楽しさ

運動会で、もっともポピュラーな競技のひとつが二人三脚です。ずいぶん昔からある競技ですが、古めかしいどころか、今の子どもたちにとっては逆に新鮮で楽しい競技のようです。

二人三脚は、ふたり仲良くくっついて、力を合わせて前に進むその様子がよく夫婦にたとえられ、結婚式などでも「夫婦仲よく二人三脚で……」と言われたりします。

でも二人三脚は、やっている本人たちは、足をくくられているおかげでとても走りにくく、苦労しているものです。くくられているヒモをほどいて、ひとりで走ったほうがよほど速く走れるし、体もラクです。途中で、どちらかが転倒しようものなら、ますます遅くなってしまいます。

でも私は、二人三脚のそういうところこそ、夫婦に似ていると思います。ひとりのときは自由きままに過ごせたのに、結婚したとたん、さまざまな束縛ができ、お金も時間も自由に使えなくなる。どちらかが転ぶと、さらに大変なことがやってくる。ひとりのほうがよほど……と思うときもあります。

若い世代の人が結婚をためらう理由のひとつは、結婚（夫婦）というものを外から見ていると、そういう不自由なところがやたら目につき、とても魅力的には見えないからのように思います。

しかし、です。運動会の二人三脚で走っている人の表情を見てください。みんな笑顔です。足をくくられ、とても走りにくく、常にストレスがかかっているはずなのに、ふたりはずっと笑顔です。抜かれても笑顔、転んでも笑顔です。

そう、二人三脚（夫婦）というのは一見不自由そうに見えて、走っている本人は結構楽しいのです。そこには、ひとりで走ったときには味わえない楽しさが、たくさんあるのです。

でも、結婚して子どもができるともう終わり、今度こそ自由を奪われる！　と感じる人も多いようです。それが少子化の原因のひとつにもなっているように思います。

が、これも正反対。子どもができると、もっと楽しくなります。もっと笑顔が増えるのです。

たとえば子どもの運動会、その中で親は、100回は笑顔になっています。あんな短時間に、あんなに多く笑顔になれることって、普通に生活している中ではなかなかないものです。子どもがいたからこそ出てきた笑顔です。

子育てはしんどい、お金がかかるなど、子育てはその大変な部分のみがよくクローズアップされます。

でも、実際に子育ての経験のある人は、いちいち人には言わないけれど、本当はこう思っているはずです。「子どもがいるって楽しいよー」。

子どもがいる楽しさを伝えよう

独身の人に、結婚のことや、子どものことを聞かれたとき、即座に「いいものですよ、あなたもぜひ」と言う人はまれです。たいていは、その大変さばかりを強調します。よく聞いてくれたとばかりに、そこからいろいろな愚痴が始まったりする人もいます。

結婚も、子育ても、確かに「大変なもの」かもしれません。そのデメリットを書きあげると無数に書けるかもしれません。

しかし、「では、その結婚はしなければよかったですか？」と聞かれると、ほとんどの人は「いいえ、してよかったです」と答えます。「では、あなたのお子さんは、いないほうがよかったですか？」と尋ねると、ほぼ全員が「とんでもない」と答えます。本当はみんな「結婚してよかった」と思い、「この子が生まれてくれてよかった」と思っているのです。

私たち日本人は、自分の自慢話や幸せ話は隠し、その逆の話なら、進んで人に話す傾向があります。少しでも配偶者や子どものことをほめたりいいように言ったりすると、なんか変な空気になることを知っているのです。むしろ人前では言わないのが当然のようになっています。

特に子どもに関しては、今は繊細な問題となっていて、たとえばメディアを通じて「子どもっていいですよ」とか「だからみなさんもぜひ子どもを」といったメッセージを伝えようとすると、「子どもを産めない人に対する配慮が足りない」とか「子どもを産まないのは個人の自由のはず」という意見が必ず出てきます。行政がつくった少子化対策の文書を読んだとき、冒頭に「産む産まないは、個人の自由だが……」というまるで言い訳のようなフレーズから始まっていたのにはびっくりしました。「子ども（をもつこと）のススメ」は、政府はもちろんわれわれ一般人でさえ、今は声高には叫べない話になってしまったのかもしれません。

でも、私は言い続けています。「子どもがいるって楽しいですよ」。

みなさんも、子どもがいることの幸せを今一度かみしめ、特に独身の人に対してはぜひその楽しさや喜びを語っていってほしいと思います。

どうかこの子が健康で

すくすく大きくなりますように

数年後……。

もうー、じっとしててよー

もうー、すぐに泣かないの！

ママを悩ます子どもの姿も、あのときに神様に祈った「健康ですくすく……」という願いが叶ったからこそ。親の「一番の願い」は叶っているのです。

詳しくは本文で

28 〝一番の願い〟はかなっている!?

新年の初詣で、神様への「お願い」の中で一番多いのが、「今年も家族みんなが健康で、楽しく過ごせますように」というものだそうです。私もそうです。とても大切なことだし、それさえあれば本当に一年中幸せに過ごせそうです。

でも、これはある意味、たいした努力もしないで実現することが多いため、人はそれが、今年の「一番の願い」だったことはひと月もすれば忘れてしまい、忘れ、2月になればもう違う希望や願いを追い求め、不平不満の一年を過ごしたりします。本当の今年一番の願いは、「家族みんなが健康で楽しく過ごす」ことだったはずなのに。そして、それが実現している幸せにも気づかずに。

でも、これは子育てでも言えることです。

子どもが生まれたときは、誰もが「健康ですくすくと育ってほしい」と、ただそれだけを願っていたはずなのに、子どもが2歳になったころから、子どもに対していろんな「望み」や「欲」が出てきて、子どもに不足している点、不満な点ばかりを探したりします。

子育ての悩みをお聞きしていてよく思うのは、子どもが生まれたときはきっとどのお母さんも一番に望んでいたのは「健康ですくすく大きくなること」だったはずなのに、ということです。たとえば「好き嫌いなく食べてほしい」「すぐに泣かないでほしい」「行動に落ち着きがほしい」などという今の悩みは、子どもが生まれたときは、おそらく10番目か20番目くらいの願いだったはずです。

今のその悩みも、「健康ですくすくと育った」からこそであることが多く、たとえば「すぐに泣く」「じっとしていない」といった悩みも、実は願い通りに「健康ですくすく育った」からこその姿なのです。

そう、ほとんどの人は、子どもが生まれたときに託したあの「一番の望み」はかなっているのです。本当はあのときの神様や、その通りに育ってくれたわが子に感謝しないといけないのです。

あのときの「一番の願い」がかなったその幸せを、今一度味わっていただきたいと思います。

子どもと花は育て方が大事!?

私の妻は花が大好きです。でも、私はあまり興味がありません。引っ越しした家の玄関に、いつもきれいな花が飾られていたことに、5年目にしてやっと気づいたくらいです。もちろん妻に叱られました。

妻は園芸も好きで、たまに私も付き合わされます。でも、一緒に行うと叱られることばかり。「こんな日中にお水をやったらダメ！」「あっ、その葉っぱはお水を嫌うから、直接かけないで！」「茎を支柱にくくるときはもっとやさしく」……。何をやってもダメ出しがくるので、私は園芸からますます遠のいていきます。

ふと思いました。花を育てるって、子どもを育てることに似ているな、と。

「してはいけないこと」や「しなければならないこと」が結構多く、面倒なことだらけ。でも、そのひとつひとつは大切なことばかり。私が妻に言われたことも、花には大切なことで、きちんと花を育てようと思えば当たり前のことばかりだったのです。

たとえば日中に水をやると、土の中で水の温度がすぐに上がってしまいます。水を嫌う（らしい）その葉っぱは、よほど水が嫌いなのか、よく見ると水をかけると自らも水をはじいています。そんなにイヤならばかけるのはかわいそうです。支柱にきつく縛られると確かに茎は苦しそうで、それ以上太くなりにくくなります。

妻のように水のやり方ひとつにも気をつけ、たっぷりと愛情を注いで育てると、花はきれいに咲いてくれます。立派に育ちます。でも私のような花への関心が薄い人間に、手抜きの育てられ方をしたとしてもそれなりに花は咲きます。

しかし、よく見ると愛情を込めて育てられた花は咲き方が違っています。その大きさから美しさ、色つやまで、すべて違っていて、いつも笑顔に満ちあふれているような感じさえします。私のような人に育てられた花は、そこまでの花には決してなりません。きれいに咲いた花は、多くの人を喜ばせることができます。人からほめても、もらえます。苦労して育てた甲斐はあったわけです。

何も考えず、いつも楽することばかりを考えながら育てたような人には、そういうことは起こりにくく、むしろため息をつきたくなるようなことばかりが起こってしまいます。

子どもも花も、育てる際の注意事項を守りながら、愛情をこめてしっかりと育てないと、そのツケはあとで自分にくるのかもしれないな……。そんなことを考えながら花に水をやっていると、またまた妻の声が聞こえてきました。「お水、やりすぎ！」。

ママは赤ちゃんがしゃべることをあきらめています。
ダー ダー
かわいいなあー。
あきらめたママからは笑顔が
子どもと出掛けたときは、早く歩くことをあきらめています。
アリさん…。
あらー。
あきらめられないママからはお小言ができます
アリさーん
もう!! 早く!!。
アアー
もう!! 何言ってるのかしら。
自分の力ではどうしようもないことはあきらめるに限ります。

詳しくは本文で

29 あきらめのススメ

子育ては、子どもの姿をありのまま受けとめることが大切だとよく言われます。子どものすべてを丸ごと受けとめるというのは、なかなか難しいものです。でも私は、それさえできれば、子育ては必ずうまくいくと思っています。

子どもの姿を丸ごと受けとめた人にしかできないことがあります。それは「あきらめる」ということです。「あきらめる」ことができたとき、子育ては突然うまくいき始めます。

「あきらめる」といっても、お母さんが犠牲になろう、我慢しよう、と言っているのではありません。

たとえば、赤ちゃんをおもちのお母さんは、本当は赤ちゃんとおしゃべりができたらどんなにいいだろうと思っています。でも、赤ちゃんと話すことはあきらめています。赤ちゃんのありのままを受けとめることができると、そういう気持ちになれるのです。でも、だからこそ、お母さんはたとえ会話はできなくても赤ちゃんにやさしい言葉をたくさんかけることができるのです。

2歳くらいの子どもをおもちのお母さんは、ひとりなら5分で行けるスーパーも、子どもと手をつないで歩くときは、3倍くらい時間をかけて行っています。ゆっくりしか歩けない子どものことを認め、5分で着くことは、すっぱりとあきらめているわけです。子どもと一緒でも、5分で行くことをあきらめられないお母さんは、子どもに「早く」を連発します。たとえ道端にタンポポが咲いていても、一緒に見ることなんて許されません。

何があってもあきらめるということを知らない親をもっている子どもには、小さな災難が毎日やってきます。

「あきらめる」ことを覚えると、その代わりに「楽しむ」ことができるようになります。先ほどの例でも、スーパーまで5分で行くことをあきらめているお母さんなら、子どもと一緒にそのタンポポで遊ぶ気持ちの余裕も生まれます。少しの時間を失いますが、子どその代わりたくさんの笑顔が親子にやってきます。しゃがんでタンポポを見つめるその姿に、わが子のかわいらしさをまたひとつ発見し、そこでちょっとした幸せ感を感じることもあるでしょう。

子どものありのままを認め、「あきらめる」ことができると、子育ての楽しさや喜びがたくさん見えてきます。子どもも親も、笑顔の数がうんと増えますよ。

子育てはあきらめた者勝ち!?

「結婚すると、独身のときのように勝手きままには過ごせない」と人は言います。結婚された方は、その言葉を実感されているのではと思います。ライフスタイルがすっかり変わってしまい、独身のときのように自由には過ごせなくなります。特に女性は、そのライフスタイルは50％くらい変わるのではないでしょうか。変わらざるをえないのです。その子どもが生まれると、さらに50％変わります。独身のときと比べると、そのライフスタイルは50％の50％、つまり75％も変わってしまうことになります。

行きたいときに行きたいところへ行く、食べたいものを食べたいときに食べる……、いのです。

そんな、独身のときなら当たり前にできていたことを、たくさんあきらめないといけな

最近、「あきらめてはいけない」という言葉をよく聞きます。「人生、あきらめたら終わり」と言われることもあります。とてもすばらしい言葉だと思います。

でも、既婚者がその言葉を信じ、独身のときのライフスタイルを維持することをあきらめないでいると、夫婦喧嘩ばかり起こるような気がします。子どもが生まれたのに、「あきらめるな!」を座右の銘にし、やりたいことを好き放題にやっていると、その子育ては必ず失敗するように思います。

「いつか世界一周旅行をしたい」「いつかお店をもちたい」など、自分の努力次第で実現するかもしれないものは、あきらめてはいけません。でも、自分の努力ではどうしようもないもの、相手に何かを強いることで自分の希望を実現させようとするのは、すっぱりとあきらめたほうが、結局はうれしいことや楽しいことがたくさんやってくるように思います。

「あきらめる」の語源は「あきら」かに認「める」ことだそうです。

たとえば、兼ねてから行きたかった海外がハワイだったとしても、新婚旅行の行き先

がパリだったとします。ハワイのことをスパッとあきらめられる人は、パリのすばらしさをたっぷり味わうことができ、その旅行自体も楽しいものとなるはずです。でも、最後までハワイのことをあきらめることができなかった人は、旅行中も文句が出やすくなり、その旅行を楽しみにくくなってしまいます。

「あきらめる」とは認めること、ありのままを受け入れることです。

特に子育てでは、何かとあきらめるのがうまい人、子どものことで自分に起こることをすべて丸ごと受け止めることができる人には笑顔がたくさんやって来ますよ。

「頑張る。」とは一生懸命やること。
がんばれ！
2435

「頑張る。」とは
ちょっと我慢すること。
がんばれ！

「頑張ってね。」は「あなたを応援していますよ。」
というメッセージ。
お母さん
頑張ってね――！
は～い！
応援
してますよ～

30 頑張る子育て、ごほうびは子どもの笑顔

「お母さん、子育ては頑張らなくていいのよ」

子育てまっ最中のお母さん方に向けて、そういったメッセージが送られることが増えてきたように思います。

「手抜き子育てのススメ」「育児は片手間感覚で」と書かれた育児コラムを見たこともあります。

確かに子育ては大変です。頑張りすぎると、かえってうまくいかないこともあります。

でも、私はそういったアドバイスは、この本を手に取ってくれたみなさんのように子育てを本当に頑張っているお母さんにだけ、届いてほしいと思っています。

全然頑張っていない人、すでに十分「手抜き育児」をしているような母親には、むしろ届いてほしくないのです。

「えっ、頑張らなくっていいい？　普段子どものお世話を全然しないけど、これでよかったんだわ」「育児は手抜きでいいんだって？　今日も子どもを置いてパチンコに行ったけど、これからも手抜きでいようっと」

「頑張らない子育てのススメ」は確かに、日ごろ本当に子育てを頑張っておられるお母さんには、肩の力を抜くことのできる、まさに福音とも言えるメッセージになるかもしれません。でも、頑張るどころか、その反対の子育てをしているような人には、自分を正当化してくれる、とても都合のいいメッセージになっているような気がするのです。

子育ては大変です。

時には手を抜くことも大切です。

でも私は、子育てでもなんでも、それがうまくいくポイントは、まずは一生懸命に頑張ることじゃないかなと思います。

「頑張る」とはどうすることかと尋ねられたら、私は「一生懸命取り組むこと」「少し我慢すること」「楽しむこと」だと答えます。

たとえばマラソンランナーが、沿道の人から「頑張れ〜」と言われたときは、「一生懸命走れ」「しんどくても我慢だよ」「楽しんでね」と言われているのです。

子育てを頑張っている人には、ちゃーんとごほうびがやってきます。

それは、子どもの笑顔です。

子どもは、自分を一生懸命育ててくれている人には、たくさんの笑顔を向けます。たくさん笑ってくれます。私は、「子どもが成人になるまでに親に見せる笑いや笑顔の数は、それまでの子育ての頑張り具合に比例する」とさえ、思っています。

子どもの笑顔を世界一たくさん見られるのはお母さんです。

その子どもを育てるために世界一頑張っているのはお母さん。

子育てを頑張って損はないのです。

「頑張れ」は応援メッセージ

「頑張ってね!」「頑張れー!」「頑張ります!」……、「頑張る」という言葉はいろいろなところで使われています。でもその言葉を受けとる人にとっては、時と場合により、その言葉がプレシャーになったりすることもあるようです。

すでに十分頑張っている人に、「頑張れ」と言うと、「これ以上、何を頑張れと言うの」という言葉が返ってくることがあります。「もっと努力しろ」「もっと我慢しろ」と言われているように聞こえるからだと思います。子育て中のお母さんも、「頑張って子育てしてね」などと言われると、「ただでさえ普段からいろいろなことを我慢し、十分努力もしているつもりなのに、これ以上何を……」という気持ちになることがあるかもしれません。

でも私は、人が誰かに「頑張って！」というときは、もうひとつの大きな意味が含まれていると思っています。

それは、「私はあなたを応援しています」という意味です。

選手に向かって「頑張って！」と言ったときは、「あなたを応援していますよ」というメッセージを、災害時に被災者の方に向けて言ったときは「負けないでね、私は応援しています」という気持ちを、子育て中のお母さんに「頑張ってね」と言ったときも、「私は認めているよ。応援しているよ！」と、むしろ称賛の気持ちを、それぞれその中に込めているように思います。

別に応援したくもない人には言わない（言えない）言葉が「頑張って」です。子どものことでしんどいときに、「子育て頑張ってね」と言われたら、「これ以上何を……」なんて言わず、自分を元気にしようとする応援メッセージだと思って、素直に受け取ってみてください。

子育ては、最近はお父さんもずいぶん頑張っているようですが、一番頑張っているのはやはりお母さんです。

そこで、改めて言わせていただきます。

お母さん、頑張ってね！

世界一わが子を愛しているお母さん…。

世界一わが子に愛されているお母さん…。

お母さんはみんな頑張っています。

どうぞ、子育てを楽しんでくださいね。

おわりに

「近頃の母親は…」とよく言われます。

いつの時代も、人は「近頃の○○は…」と言うのが好きなようで、「近頃の子どもは…」とか「近頃の若者は…」などの言葉もよく聞きます。

そのときに言いたいのは、「昔はこうではなかった」ということです。

もしも、「近頃の母親は…」と聞かれたなら私は答えます。

素晴らしいですよ！　と。


私は、保育士資格を取って今年で40年になります。

でも、そのころのお母さん方と、今のお母さん方を見比べても、何も変わっていないように思います。

子どものために、いつも本当に一生懸命です。


♪かあさんの歌、という有名な歌をご存じでしょうか。

その歌の中では、わが子のために夜通し手袋を編む母親の健気な姿が描かれています。この歌は、母親は変わったと言いたいときによく引き合いに出される歌でもあります。「今の母親はそんなことはしない」と。

でも私は、この歌こそ、今の母親も変わっていないことがわかる歌のように思えてなりません。

確かに今のお母さんは、夜通し手袋を編んだりはしないでしょう。

でも、たとえば運動会の前日の夜になって急にゼッケンをつけてほしいと頼まれたりしたなら、どんなに眠くてもつけてくれます。

運動靴が汚れていることにも気づいたら、どんなに遅い時間でも洗ってくれます。

わが子のことが大好きだからです。

深い愛情があるからです。

わが子が大好きで、いつもわが子のことで頭はいっぱい。

わが子のためなら何でもやっちゃうしできちゃう。

それが、どんなに時代が変わっても変わらない母親の愛情です。

そう、お母さんは今も昔も…、素晴らしいのです！

著者プロフィール

原坂一郎（はらさかいちろう）

1956年神戸市生まれ。関西大学社会学部を卒業後、独学で保育士資格を取り、当時では珍しい男性保育士となる。23年にわたる保育所勤務を経て、現在はこどもコンサルタントとして、全国で講演・講座・執筆活動を行う。KANSAIこども研究所所長、日本笑い学会理事、関西国際大学教育学部非常勤講師等を務める。著書に『日本一わかりやすい男の子の育て方』『子どもの本当の気持ちが見えるようになる本』（以上すばる舎）、『子どもがふりむく子育てのスーパーテク43』（中経出版）、『子どもがこっちを向く「ことばがけ」』（ひかりのくに）などがある。産経新聞の「原坂一郎の子育て相談」は連載300回を超える人気コラムになっている。

〈連絡先〉
KANSAIこども研究所　TEL：078-881-0152
http://harasaka.com

絵：野崎武久

1964年岐阜市生まれ。朝日放送テレビ番組「探偵！ナイトスクープ」にて原坂一郎先生と共演したことがきっかけで原坂一郎専属の絵師となる。趣味はプラモデル作り。ロボダッチ専門モデラー。

読（よ）むだけで子育（こそだ）てがうんと楽（たの）しくなる本（ほん）

2020年　6月18日　初版第一刷発行

著　者　原坂一郎

発行者　伊藤良則

発行所　〒104-0061
東京都中央区銀座3丁目10-9
KEC銀座ビル9F　902

T E L　03-6264-0855（代表）
U R L　https://www.shunyodo.co.jp/

デザイン　中島佳那子（鷺草デザイン事務所）
印刷製本　亜細亜印刷株式会社

ISBN978-4-394-88007-3

本書は、2011年9月に「ガミガミ言うより笑顔だけで子どもが変わる」株式会社PHP研究所より単行本として刊行されました。
4コマ漫画の作成、加筆、修正し再編集いたしました。